孙中山与他的秘书们

主编　梅宁

孙中山与杨杏佛

任维波　陈宁骏　著

南京大学出版社

图书在版编目(CIP)数据

孙中山与杨杏佛 / 任维波，陈宁骏著. — 南京：
南京大学出版社，2021.10
　　（孙中山与他的秘书们 / 梅宁主编）
　　ISBN 978 - 7 - 305 - 25033 - 0

　　Ⅰ. ①孙… Ⅱ. ①任… ②陈… Ⅲ. ①孙中山
(1866—1925)—生平事迹②杨杏佛(1893—1933)
—生平事迹 Ⅳ. ①K827＝6

中国版本图书馆 CIP 数据核字(2021)第 200718 号

出版发行　南京大学出版社
社　　址　南京市汉口路 22 号　　　　邮　编　210093
出 版 人　金鑫荣
丛 书 名　孙中山与他的秘书们
书　　名　**孙中山与杨杏佛**
著　　者　任维波　陈宁骏
责任编辑　黄隽翀　　　　　　　　编辑热线　025 - 83593947
照　　排　南京南琳图文制作有限公司
印　　刷　江苏扬中印刷有限公司
开　　本　718×1000　1/16　印张 10　字数 143 千
版　　次　2021 年 10 月第 1 版　2021 年 10 月第 1 次印刷
ISBN 978 - 7 - 305 - 25033 - 0
定　　价　35.00 元

网址：http://www.njupco.com
官方微博：http://weibo.com/njupco
官方微信号：njupress
销售咨询热线：(025) 83594756

前　言

　　孙中山先生是伟大的民族英雄、伟大的爱国主义者、中国民主革命的伟大先驱,他一生以革命为己任,立志救国救民,为中华民族作出了彪炳史册的贡献。

　　近代以来,中国饱受帝国主义列强的野蛮侵略和封建专制的腐朽统治,战乱频发,民生凋敝。孙中山目睹山河破碎、生灵涂炭,誓言"亟拯斯民于水火,切扶大厦之将倾",高扬反对专制统治的旗帜,毅然投身民主革命事业。孙中山创立兴中会、中国同盟会,提出民族、民权、民生的三民主义,积极传播革命思想,广泛联合革命力量,连续发动武装起义,为推进民主革命四处奔走、大声疾呼。杨杏佛深受孙中山革命思想的影响,早在中学时代就接受了民主思想的启蒙和民主实践的熏陶,并加入了孙中山领导的中国同盟会,在他年轻的心里埋下了为革命事业奋斗终身的远大理想,扣牢了"人生第一粒扣子"。

　　1912 年 1 月 1 日,孙中山在南京就任中华民国临时大总统后,杨杏佛在南京临时政府任秘书处收发组组长职。虽然与孙中山密切接触仅三个多月,但杨杏佛深深为其伟大的人格魅力所折服,坚定了他践行孙中山"除去人民的那些忧愁,替人民谋幸福""要立心做大事,不要立心做大官"的教导。此后杨杏佛在孙中山安排下远赴美国学习科技。

　　杨杏佛学成归国后,孜孜不倦,从"科学救国"到"实业救国",再到"教育救国",为改造中国社会的落后面貌奔走呼号,为救国救民上下求索。1924 年,为实现全国统一和民族复兴伟业,杨杏佛追随孙中山北上和谈,一路高呼"打倒帝国主义""打倒军阀"的口号。1925 年 3 月 12 日,过度劳累的孙中山因肝癌在北京病逝。

孙中山病逝后,为完成其归葬南京的遗愿,国民党中央执行委员会成立葬事筹备处。杨杏佛担任葬事筹备处干事部主任干事,负责在南京紫金山筹建中山陵,几经周折,中山陵终于建设竣工。1929 年 6 月 1 日,国民党举行奉安大典,孙中山安葬南京的遗愿得以实现。

孙中山关心民众疾苦,强调"国家之本,在于人民""民生为社会进化的重心""人民所做不到的,我们要替他们去做;人民没有权利的,我们要替他们去争"。为争取人民民主自由权利,完成孙中山未竟的革命事业,宋庆龄、蔡元培、杨杏佛发起成立中国民权保障同盟,杨杏佛任总干事。在极端危险的情况下,中国民权保障同盟营救了大批共产党员和爱国民主人士。国民党顽固势力无法容忍,暗杀杨杏佛。

杨杏佛两度担任孙中山秘书,是孙中山革命理想的坚定信仰者、三民主义的坚定执行者。虽不是中国共产党人,却与中国共产党人站到一起,为救国救民献出了自己宝贵的生命。

本书简要介绍了杨杏佛在孙中山影响下的革命奋斗历程,也从一个侧面展现了孙中山伟大的革命思想,激励人们紧密地团结起来,把握历史机遇,担当历史责任,为振兴中华,实现中华民族伟大复兴的中国梦奋勇前进。

目　录

第一章
敬佩孙中山　加入同盟会

　　杨杏佛出生在江西东北部一个封闭的山城，后随家迁居多地，历经磨难，从小关心国家大事，在中国公学求学时，接触《民报》，对孙中山领导的革命运动产生向往和敬佩之情，于 1910 年加入中国同盟会。

一　艰苦童年

　　鸦片战争后，清王朝历经列强侵略、太平天国运动等内忧外患，元气大伤，但是经历了 30 年的喘息之后，国内基本安定，在洋务运动的推动下，西方文化与技术流入，新式海陆军得以编练，一大批近代军工企业、民用企业以及新式学校得以创办，还派遣留学生到海外。清廷呈现"同光中兴"的难得太平，仿佛是清王朝崩溃前的回光返照。

　　位于江西东北部的玉山，是个美丽的小县城。曾经蔓延于此的太平军与清军战火，似乎已消退得难以看出痕迹，农田村庄幽静安宁。初春时节，杏花盛开，空气中迷漫着春天的气息，从远方飞来的小鸟叽叽喳喳地叫个不停，鸟语花香中充满着欢声笑语，仿佛传递着外界的消息。

　　杨家祖籍江西清江，也就是现在的宜春市樟树市。杨杏佛祖父曾在江苏扬州等地任盐官。杨杏佛父亲杨永昌，字景周，早年是徽州的一名狱吏，为人忠厚老实，不善于巴结迎合上级，在那个世风日下的社会总是受到别人欺负，收入只能勉强维持全家生计。随着孩子们的陆续出生、长大，杨家的经济愈加拮据，生活更加困难，为了生计举家从徽州迁居到江西玉山。

图 1-1 云雾缭绕、交通不便的赣北山区

1893 年 4 月 5 日,杨杏佛就出生在玉山这座幽静山城的破落小官吏家庭里。杨杏佛的农历生日是二月二十九,正逢观音菩萨诞辰,又值杏花盛开之时,杨母刘氏笃信佛教,给爱子起名"杏佛",意在期望儿子效法观音,为民除苦济难。杨杏佛是家中第 5 个孩子,聪明伶俐,格外受到父母喜爱。①

1894 年,中日甲午战争爆发,李鸿章苦心经营的北洋水师全军覆没,"同光中兴"结束,大清国势更趋衰落。社会动荡,物价上涨,杨家的日子更加艰难,在杨杏佛出生后不久,杨家又迁徙至江苏扬州,后到浙江杭州等地,流离颠簸,备尝艰辛。

1899 年,杨杏佛在扬州入私塾读书。与大多数小男孩一样,他生性顽皮好动,酷爱刀枪棍棒,经常省下父母给的零花钱,买些小人马之类的玩具,一一拆散再拼装复原,如此反复,不亦乐乎。

杨杏佛生在赣东北,但习惯称自己为清江人;又因长在扬州,所以语言上

---

① 江西省政协、樟树市政协文史资料研究委员会编:《杨杏佛》,江西文史资料第三十八辑,北京:中国文史出版社,1991 年,第 1 页;杨小佛:《杨小佛口述历史》,上海:上海书店出版社,2015 年 10 月,第 2 页。

全无赣音，而是苏音。幼时杨杏佛师从塾师习作旧体诗词与文言文，从小打下较好的辞章基础。

1905年，杨永昌在杭州典狱官任上因犯人逃跑被判失职，处以徒刑。新春佳节，万家灯火，阖家团聚。12岁的杨杏佛身为家中长子，主动代父坐牢，以换取父亲回家过年。代父坐牢的杨杏佛在狱中对清末社会的黑暗有了初步体验。

父亲出狱失业，加之身体欠佳，找不到合适的工作，只好闲居家中。家里失去了主要经济来源，只靠母亲做些针头线脑，维持全家人的生活。看着日夜辛勤劳作的母亲加速苍老，懂事的杨杏佛更加体会到生活的艰辛，他感到自己有责任分担家庭的重任。

街巷里，没有了杨杏佛与同龄少年嬉戏玩耍的身影。杨杏佛白天苦读，晚上回家与母亲一起辛勤劳作，帮助家里渡过难关。父母看着聪明懂事的杨杏佛，心里充满着喜爱与宽慰，亲昵地称他为"五儿"。

杨家光景很是惨淡，生活日益艰难，一家人经常面临断炊的困境。杨杏佛后来用"兄弟四五人，零落已及半""饥来相驱逐，各向东西散"等诗句，描述家庭的破落。少年杨杏佛思维敏捷，喜欢辩论，有时还做出些滑稽动作，逗乐大家，使贫困的生活多了几分笑声。

穷人的孩子早当家。贫困的家境，迁徙的生活，使杨杏佛广泛接触了社会，并对下层人民的苦难生活有了较为深刻的了解。杨杏佛关心时事，喜欢阅读报刊，在私塾读书时常将《申报》上的一些消息告诉家人，并常以时事内容与姐妹交谈，阐述自己的见解。

《申报》原名《申江新报》，于清同治十一年三月二十三日（1872年4月30日）在上海创刊，是近代中国发行时间最久、具有广泛社会影响的报纸。在外国人办的报刊中，《申报》是第一家由中国人主笔的报纸。登载的新闻"有系乎国计民生""上关皇朝经济，下知小民稼穑之苦"，并且重视新闻的真实性，注重反映社会实际生活，被称为研究中国近现代史的"百科全书"，在中国新闻史和社会史研究上都占有重要地位。

晚清政治腐败,人民反抗斗争和革命运动风起云涌,各种政治思潮风生水起。《申报》经常刊发各类政论文章,独树一帜,并且因其是由外国人创办,清政府对其无可奈何,这使同时期其他报纸难以企及。杨杏佛在《申报》中知道了许多时事人物,其中就出现过一个当时并没有让他很在意的名字——孙逸仙。

孙逸仙,就是后来对杨杏佛人生产生重大影响的孙中山。孙中山于 1866 年生于广东省香山县(今中山市),1895 年 2 月在香港成立兴中会总会,同年 10 月,密谋在广州发动起义,因消息泄露而失败,被迫避往海外。

此时的杨杏佛还是一个 10 多岁的孩子,如此关心社会大事和国家命运,忧国忧民,实属难得。他开始对列强的侵略罪行、清朝腐败无能的统治感到愤恨,对人民群众的反抗充满着同情。

图 1 - 2　少年杨杏佛

1908 年,年仅 3 岁的溥仪匆匆登基,年号"宣统",此时的清王朝,已经到了风雨飘摇、气数将尽之时。国难家破之时,杨杏佛毅然离开家门,走上独立生活求学之路,从杭州来到上海,考取了由留日回国学生自行创办的中国公学。

二　求学上海

鸦片战争后,上海开埠,外国的船只从外洋直溯而上,英、法、美殖民者先后设有租界,至 19 世纪末,上海已经发展为中国受西方列强影响最直接的大都市。上海划分为不同的管辖区,苏州河以北老闸和新闸一带因大量贫苦农民的流入,逐渐兴起,形成北市。

20 世纪初的上海,各种思想交织,东西方文化碰撞,许多有识之士都在通过不同的方式,寻求着抵御外强、振兴中华之路。特别是一批先期出国留学生的归国,更是给封闭的中国带来了股股新风,激起阵阵涟漪与波澜,撞击着腐朽不堪、摇摇欲坠的清王朝。

1906 年 2 月,因大批留日学生返抵上海,没有着落,留学生中的姚洪业、孙镜清等人各方奔走,募集经费,在上海北四川路横浜桥租民房为校舍,筹办中国公学。两江总督端方每月拨银 1 000 两,派四品京堂郑孝胥为监督。校务实际由王抟沙主持。教员中有于右任、马君武、陈伯平、王云五等革命党人。4 月 10 日,中国公学正式成立。

图 1-3　中国公学(1906 年成立)校门

才到上海的杨杏佛看到许多以前难以想象的新事物。他到照相馆拍了张肖像照寄给家里。杨杏佛觉得在一瞬间的工夫就能将自己模样,完全印在一张卡纸上,真是神奇,这使他感受到科学的力量。

中国公学师生来自全国各地,家庭背景、政治倾向各异。学校的民主革命氛围比较浓厚,被认为是革命党人的大本营。秋瑾、章太炎等人在该校的活动,对师生们的思想有一定影响。

胡适只比杨杏佛大一岁多,来自皖南书香门第,讲起课来素有理学遗风。也许是家乡地理位置靠近的原因,胡适与杨杏佛两人,亦师亦友,关系亲密。两人虽学术观点相近,但对中国同盟会及革命的态度存在差异。

中国同盟会于1905年成立,在上海风起云涌的革命斗争中,中国公学是革命活动中心。胡适的许多同学前赴后继参加了革命斗争,一些人甚至献出了宝贵的生命,一些人则在起义失败后退缩,还有一些人在革命失败后回到中国公学,陷入悲观痛苦之中。

胡适曾参加革命组织"竞业学会",但并没有走上革命之路。据他自己后来解释说,当时在中国公学的同盟会员商量过,大家都认为他可以做学问,大家都要爱护他,所以劝他不参加革命,不但没有劝他参加同盟会,而且没有人强迫他剪辫子。实际上却是胡适因醉心读书成名,根本无心参加实际的革命斗争。

1908年9月,因学校爆发了一次争取共和的学潮,胡适随一些激进同学离开公学,自办新公学继续学业,同时又兼了新公学低级班的英语教师,兼批改作文。杨杏佛、饶树人、严庄、张奚若等人

图1-4　杨杏佛1908年3月在上海留影

退出老公学,成为胡适的学生,接受着最前卫的教育。胡适认为杨杏佛虽稍缺细腻,但聪慧好学,是受业学生中最有理想、将来最有出息的一个。

退出老公学的学生自动捐款,加上社会资助、支持,租赁爱尔近路庆祥里作校舍,学生自己管理,兢兢业业办校,争口气读好书。艰苦悲壮地支撑了一年多,终因经费拮据,难以为继。这艰苦的环境,考验着每一位学生的意志。

老公学虽然在吴淞建了新校舍,但缺乏生源,便主动招呼新公学;新公学虽资金贫乏,但有良好的社会声誉。经过谈判,两校最终于1909年10月成功合并,仍称中国公学。杨杏佛与其他160多名同学一起,到位于吴淞的新校舍继续读书。

　　这时的胡适,异常痛苦,甚至认为是处在他个人历史上最黑暗的时期。胡适追求读书成名,却遇上了大革命时代,感到"英雄无用武之地",由于周围同学都勇敢地献身革命,他不免自惭形秽,因而陷入放荡逐流的深渊。但不久又振作起来,决定投考用美国退还庚子赔款所设的学额,赴美留学,以继续走他的"读书成名"之路。

　　杨杏佛在中国公学的学习生活丰富多彩,不仅认真学习"新教育"的基本知识,计有英语、历史、地理、数学和其他学科知识,还自学严复所译穆勒的《自由论》、赫胥黎的《天演论》和大学者梁启超的一些通俗作品。

　　梁启超崇尚西方文明,大力介绍笛卡尔、卢梭、斯宾塞、康德、达尔文等的思想。杨杏佛大开眼界,对西方人注意社会公德、爱自由、爱冒险、重自治、好结社、讲卫生、重健康等优点很赞赏。受新思想影响,杨杏佛在课余时间还吟诗作画,锻炼身体,广泛参与社会活动。

　　在中国公学求学期间,对杨杏佛影响最大的是在校内广为流传的《民报》。《民报》是中国同盟会的机关报,1905 年 11 月 26 日创刊于东京,前身为宋教仁在东京创办的《二十世纪之支那》。同盟会成立后,《民报》成为同盟会机关报。东京出版的《民报》通过多种途径传入中国公学,并在师生中广泛传阅、流传。假期中一些学生还将《民报》缝入枕头、包裹里,带回内地家乡传阅。受此影响,学校中倾向革命的同学强迫留辫子的同学剪掉辫子。

　　杨杏佛不但较早地剪去长辫,而且热心

图 1-5　杨杏佛在上海留影

于阅读《民报》,还常与朱蒂煌、但懋辛、李骏、张奚若、任鸿隽等同学在一起议论、探讨。江边的堤道、林荫树下,都是他们谈论时事、抒发革命豪情的地方。杨杏佛不止一次地流露出对革命的向往,希望为推翻腐朽清王朝贡献一分力量。

在《民报》中,杨杏佛尤其关注"孙中山"这个名字。

三　向往革命

起义的失败考验着每一位革命者。孙中山在英国伦敦脱险后,详细考察欧美各国的经济、政治状况,研究了多种流派的政治学说,并与欧美各国进步人士接触,产生了独具特色的民生主义理论,三民主义思想由此初步形成。孙中山是公认的革命领袖,尽管有些人持有非议,但其地位无人可以代替。孙中山的革命理念和百折不挠、屡败屡战的战斗精神,令杨杏佛非常敬佩。

1894年11月,孙中山重抵檀香山,成立了兴中会,起草了《兴中会章程》,强调列强侵略中国所造成的民族危机日益严重,规定以"振兴中华"作为立会宗旨。他还起草入会的秘密誓词,提出了"驱除鞑虏,恢复中国,创立合众政府"的革命主张,为反清武装起义做准备。

1905年8月,孙中山与黄兴等人,以兴中会、华兴会等革命团体为基础,在日本东京创建全国性的资产阶级革命政党——中国同盟会,孙中山被推举为总理,他提出的"驱除鞑虏,恢复中华,创立民国,平均地权"的革命宗旨被采纳为同盟会纲领。同时出版《民报》作为同盟会机关报。

在《民报》发刊词中,孙中山首次提出民族、民权、民生三大主义,宣传以"排满"为中心的民族主义、以建立共和政体为中心的民权主义、以土地国有平均地权为中心的民生主义。"三民主义"成为《民报》的重要宣传内容。

图 1-6　少年时代的杨杏佛

《民报》还大力介绍世界各国的资产阶级革命运动和民族解放运动,介绍西方的新文化和新思潮,其中包括社会主义思潮和无政府主义思潮。《民报》广泛传播资产阶级民主共和思想,使更多的人投身于反清革命,为辛亥革命的爆发作了有力的思想准备。

同盟会成立后,孙中山派人到国内外各地发展组织、宣传革命,有力地促进了全国革命运动的发展。同盟会会员在华南各地多次组织武装起义,孙中山为起义制定战略方针,并在海外奔走呼号,为起义筹募经费。1907 年 12 月镇南关起义时,孙中山还亲临前线参加战斗。但每次起义都因缺乏群众基础、组织不够严密而失败。

一次次革命活动的失败,给在中国公学读书的杨杏佛以极大的刺激他在寄给大姐瑾卿的照片背后自题《风入松》,词为"空余热泪洒山川,岁月老车船。当时破浪乘风志,到于今,憔悴年年。寥落怕看明月,蹉跎欲问苍天。苍茫故国遍烽烟,残照泣啼鹃。伤怀怕说年时恨,恐言时,君也凄然。得酒且拼一醉,任他沧海桑田",落款为"死灰"①,是杨杏佛自取之字,表达了对清王朝的绝望。

那时的杨杏佛不过是个 10 多岁的少年,但词中却自比杜鹃啼血苦呼民贵,透露出的凄凉绝望却好似一个饱经沧桑的老

图 1-7　杨杏佛在上海中国公学求学时读的《疑雨集》,"死灰"是其这时期的字

人。而且,杨杏佛后来呕心沥血,操劳过度,也的确患上了咯血症。这首词,可以称得上是他人生的谶语。

---

① 中华人民共和国名誉主席宋庆龄陵园管理处编:《啼痕——杨杏佛遗迹录》,上海:上海辞书出版社,2008 年,第 96 页。

中国公学的教职员工与学生中，有不少年轻的革命党人，他们在校园内积极地宣传孙中山的三民主义，宣传进化论观点，宣传自由、平等、博爱思想。革命党人广泛的宣传，使身处其中的青年杨杏佛，深受民主共和思想的熏陶。

在新思潮的影响下，杨杏佛胸怀救国救民之志，广交志同道合之友，与同盟会成员朱蒂煌、但懋辛、雷铁崖等人关系密切，尤与任鸿隽来往甚密，很快接受了孙中山"驱除鞑虏，恢复中华"、以建立民主共和国为目标的民主革命思想。

任鸿隽，字叔永，1886年出生于四川省垫江县，童年在家塾读书，1898年考入"垫江书院"，聪颖勤奋，学习成绩一直名列前茅。光绪三十年（1904年）为应科举，入巴县学籍。同年参加中国最后一次科举考试，中四川巴县（今重庆市巴南区）秀才。1905年毕业于重庆府中学堂速成师范班，1907年在上海中国公学高等预科学习。

1910年，同盟会会员雷铁崖（昭信）从日本来到上海，杨杏佛很快与他结为知己。雷铁崖是辛亥革命时期的报业巨子、诗人，跟随孙中山，在同盟会中负责宣传革命思想和组织、发动革命运动。雷铁崖主办、主笔过《鹃声》《四川》《光华日报》等革命刊物，曾任孙中山秘书。

雷铁崖满怀革命激情，大有"未灭鲸鲵安肯死，是真豪杰岂求名"的气概。在雷的影响与介绍下，杨杏佛于1910年正式加入中国同盟会，热情投身于革命活动之中。

杨杏佛在接受革命思想后，从同情中国劳动人民的立场出发，立志要改变中国的贫富悬殊和不平等现象，以实现中国早已有之的"大同"理想。富有古文修养的杨杏佛忆起《抱朴子·审举》中的一句话："夫铨衡不平，则轻重错谬；斗斛不正，则多少混乱"，为勉励自己实现这一崇高理想，他特为自己取名杨铨。

三年新老公学的经历对杨杏佛此后的一生至为关键。在这里他不但打下了中国传统文化的底子，也初步接触到充满批判和理性精神的西方近代科学技术，更接受了民主思想的启蒙和民主实践的熏陶。就是在这一时期，杨杏佛加入了中国同盟会,立志追随孙中山的革命事业,从此在他年轻的心里埋下了为革命事业奋斗终生的坚定信念,扣牢了"人生第一粒扣子"。

　　杨杏佛为日益深重的民族苦难和清朝统治的黑暗而痛心疾首,"九地黄流注,叩苍穹,沉沉万象,当阙豺虎"[①];为革命起义失败的悲愤和英勇牺牲烈士的无比悲伤,"眼见英雄成白骨,好头颅未易苍生苦。心化血,血成雨!"[②];他还高唱"一朝狮梦醒,身与国魂还",表露自己对革命胜利和祖国前途的信心。

四　赶赴武昌

　　20 世纪初,孙中山倡导的民族、民主革命思想在年轻人中广泛传播的同时,"实业救国""教育救国"的思潮也在一些知识分子与中小官绅中传播起来。孝顺的杨杏佛按照父母的意愿,将"振衰拯民"和"实业救国"视为理想,于1911 年 8 月,从中国公学考入河北唐山路矿学堂学习,录取在预科第六班,在同班 10 余人中,与茅以升、李俨、裘荣等人关系最密,情同手足。

图 1-8　辛亥革命时期的武汉

①　杨杏佛:《贺新凉·吊季彭自溺》,胡朴安选录:《南社丛选》(下),北京:解放军文艺出版社,2000 年,第 1021 页。
②　同上。

唐山路矿学堂成立于 1905 年,有路、矿两科,是由京奉铁路局与开滦矿务局创办。预科课程有国文、英文、数学、化学等,教员多为英美人士,上课常用英语。好学的杨杏佛在此英文水平提高很快。

1911 年 10 月 10 日,武昌起义爆发,各地同盟会积极响应,纷纷发动和组织新军起义。动荡的社会局势,使得唐山路矿学堂也受到震撼,不得不暂时停课,大多数学生纷纷回家。有的赴北京,有的去上海,参加各地起义活动,更多的人去了武汉。

已加入同盟会的杨杏佛不甘落后,与同学裘荣一同奔赴武昌,投身革命。杨杏佛以同盟会会员身份赶往武昌,并赋诗《过武昌作》,诗云:"漫天苦烽火,我来武昌城。枵腹过日昃,饥驱肠自鸣。"可见他在战火中奔波的饥苦。

武昌之行,杨杏佛不仅亲身体会到革命的艰辛,而且同革命群众的密切接触,改变了他对广大群众的认识。他以前认为"世情重锱铢,见利忘弟兄",现在遇到的却是"殷情市中叟,为我具藜羹……慷慨赠一饭,乃在陌路人"[①],由此,他感叹中国普通百姓的崇高境界,超过古代许多名人,这使他深受感动,为他后期毅然献身民权运动奠定了基础。

图 1-9 辛亥革命中的热血青年

---

① 《杨杏佛诗词选》,江西省政协、樟树市政协文史资料研究委员会编:《杨杏佛》(江西文史资料第三十八辑),北京:中国文史出版社,1991 年,第 207 页。

如果说,辛亥革命前的杨杏佛只是偏重于理论探讨,那么这次武昌之行,虽未参加过什么战斗,但他感受到革命及群众的力量,感受到革命洪流的浩浩荡荡,身心获得了有益的锻炼。

这段参加武昌保卫战的经历,杨杏佛从未向后辈谈过。据茅以升回忆,杨杏佛在学校放假离开后再也没有回来过①。看来,杨杏佛那时已"投笔从戎"了。

像杨杏佛一样受革命思潮影响,被革命呼唤到武昌的热血青年有很多,其中还有一位正在上海中西女塾读书,名叫赵志道的进步女青年。

中西女塾是美国基督教南卫理公会传教士林乐知于 1892 年在上海汉口路(今扬子饭店所在地)创办的一所教会学校。上海的许多名门千金均在此校读书,这些名媛的家境都不一般,其中最知名者莫过于宋蔼龄、宋庆龄、宋美龄三姐妹。她们先后入学中西女塾,之后到美国威斯理安女子学院留学。

图 1 - 10　中西女塾

赵志道,字汝和,是赵凤昌与继配周南的女儿,从小被视为掌上明珠,由于自幼娇生惯养,养成了敢作敢为的性格。

赵凤昌,1856 年生,字竹君,天赋异禀,足智多谋,先后出任广东布政使姚

---

① 杨小佛口述,朱玖琳撰稿:《杨小佛口述历史》,上海:上海世纪出版股份有限公司,2015 年,第 3 页。

觐元的秘书、两广总督曾国荃的幕僚,后受到接任的两广总督张之洞赏识,出任总督衙门文案,随张到湖广总督任上。1893年,赵凤昌因被小人弹劾,被光绪帝亲批革职,永不叙用。此事埋下赵凤昌日后坚决反清的种子。

张之洞深感歉意,找到洋务运动中合作过的盛宣怀。盛对赵也深为惋惜,将赵凤昌派为武昌电报局驻沪代表。赵凤昌敏锐地发现电报信息快捷的便利性,因祸得福地进入了新兴的信息产业,并成为张之洞在江、浙、沪的"耳目"。在20世纪初的"东南互保"中,赵凤昌以"布衣公卿"折冲于督抚道府和外国列强之间,显示居间调停、纵横捭阖的出色才能。

赵志道就是生长在这样一个家庭里,她得知武昌起义的消息后,十分兴奋,与同学商议要一起前赴武汉投身革命,决定通过张竹君女医师领导的红十字会乘船秘密前往。没想到父亲赵凤昌不仅未反对,还派人送来食品和衣物,让她顺利出发。

在船上,赵志道邂逅黄兴。黄兴是由上海赶往武汉,指挥起义革命军。在救护队的掩护下,黄兴顺利抵达武汉。他们一行赶到武汉时,战事已停,但社会秩序尚未恢复。赵志道及同学们在张竹君主持的医院里,救护伤兵一个多月。

救护后期,赵志道与同学还渡船到武昌,面见湖北都督黎元洪,要求安排革命工作,却被黎以"革命已成功,无事可派"为由婉拒。杨杏佛与赵志道两人虽同在武汉,却并未相见相识,但这一段共同的革命经历,却为以后两人一见钟情、情投意合,埋下了伏笔。如果没有辛亥革命,杨杏佛和赵志道是无论如何也不会走到一起的,更无缘结成夫妻。时势,有时也能造就姻缘。

赵志道与同学们只好失望地回到上海,而此时上海的革命热浪已在激荡,她看到父亲赵凤昌已剪去长辫。赵志道是赵凤昌的小女儿,如果说此前因为父亲没有阻挡自己赴武汉,还亲自送上衣被和钱票而有所不解,那么此时的赵志道对父亲则是由衷地敬佩了。

五 中山回国

辛亥革命后,赵府惜阴堂成为各方人士共商国是之地。孙中山在1911年12月25日抵达上海,成为惜阴堂的常客,许多协调各方利益、平衡各派权力的重大决定均出于此。杨杏佛的这个未来老丈人为促成南北双方达成默契、建立民国,处理了大量重要事务,被誉为"民国产婆"。

赵凤昌与官僚、士绅、同盟会、光复会各方人士皆有往来,他思路开阔,智谋超群,对南北形势,判断精确,常出奇策,以匡时局。赵凤昌与张謇、庄蕴宽是惜阴堂的"核心层",三人共商大计,一致认为,南北双方须先停战,方能谈及议和以及建立议会、设置政府等诸项大事。

图 1‐11 赵凤昌在上海南阳路 10 号的住所惜阴堂

赵凤昌提出将议会设在上海,便于停战议和,并草拟了《组织全国会议团通告书稿》。这表面上是按照战事议和在第三地的惯例,实际上赵凤昌是要将话语权"抢"到上海,以便于让力量尚弱的革命党人借力行事,为即将回国的孙中山做好铺垫。庄蕴宽对此早于张謇意会,庄也倾向支持孙中山、黄兴,积极奔波斡旋。

赵凤昌与北方要人梁敦彦、唐绍仪、熊希龄等人也有密切来往。赵凤昌的妻弟洪述祖是袁世凯亲信赵秉钧的幕僚，他常向赵凤昌密报北京政情。袁世凯打算在派唐绍仪南下议和前，先通过洪述祖与赵凤昌的特殊关系，了解南方对唐绍仪出任议和全权代表的态度。

唐绍仪在甲午战后一段时间，曾在上海作寓公，与赵凤昌相识，二人极为投契。唐绍仪一到上海，首先访问赵凤昌，请赵密约张謇在惜阴堂见面，并向张、赵转告了袁世凯愿顺从民心的诚意，要求张、赵调停南北冲突，促使和议早成。唐绍仪露出口风，若推荐袁为总统，则清室退位，不成问题。

黄兴兵败汉阳，回到上海，在赵凤昌家中与张謇、程德全等人会面。唐绍仪到上海议和，亦在赵宅与黄兴面商，黄兴此时已被举为大元帅，有关议和的重要议题，都由他和唐绍仪协商。其至南方议和全权代表伍廷芳亦常到赵宅与唐绍仪晤面。在伍、唐公开会同商议之前，议事大纲及协议条款均已决定，而赵凤昌亦是参与机密者。

12月25日，孙中山回国，第二天下午即赴惜阴堂会见赵凤昌，征询他对当前时局的看法，赵向孙分析了南北形势，提出"三虑""三策"。赵凤昌洞察入微，谋略过人，观其"三虑""三策"，堪比诸葛亮向刘备陈说的"隆中对"。其后，孙中山又多次登门拜访，与赵凤昌商讨统一建国、网罗英才及国家财政诸要端。赵凤昌提出了许多建议，勉励孙中山"建府奠基，既须兼纳众流，更当克副民望"①。

孙中山在上海日理万机，白天接受各路记者及各省名流的采访与拜谒，晚上则与同盟会的重要干部密会于寓所，就民国未来的走向、政制的设计、人事的安排展开讨论。26日召开的同盟会干部会议，商讨了组织临时政府方案，决定先向各省代表建议选举临时大总统，成立中华民国临时政府，得到各省代表同意。

---

① 赵尊岳：《惜阴堂辛亥革命记》，《近代史资料》（总第102号），北京：中国社会科学出版社，2002年，第246页。

图 1－12　1911 年辛亥革命后,孙中山回国途中

　　12 月 29 日上午 9 点,各省代表在南京召开正式的临时大总统选举会。孙中山高票当选为中华民国第一任临时大总统。投票结束后,各省代表会立即向世界各国、海外华侨、国内各地,通报孙中山当选临时政府大总统,并致电各省都督府,每省派遣 3 名议员,到南京组织参议院,参议员未到之前,由本省代表暂留 1 至 3 人代行参议员职务。同时,各省代表会即决定派议长汤尔和、副议长王宠惠赴上海欢迎孙中山来宁就职。次日,孙中山会见日本人士,宣布当选中华民国临时大总统,并在上海大同照相馆拍摄临时大总统就职典礼标准像。看来,孙中山的许多就职准备工作,都是在上海完成的。

　　12 月 31 日,孙中山派黄兴赴南京,要求各省代表决议改用阳历,为使用中华民国纪元做准备。奉天省代表吴景濂所著的《组织临时政府各省代表会纪事》中有当年农历十一月十二日(公历 1911 年 12 月 31 日)的一段记录:"经决议:自阴历十一月十三日起,即阳历元旦,改用阳历,以中华民国纪元,称中华民国元年正月一日。"①

　　此时的杨杏佛已由一个积极上进的热血青年,成长为一名具有强烈社会责任感的同盟会会员,他也期盼着能够早日见到敬仰已久的孙中山。

---

　　① 　吴景濂:《组织临时政府各省代表会纪事》,1913 年铅印本,第 24 页。

第二章
初见孙中山　加入秘书处

民国初立,孙中山组建南京临时政府,急需用人。杨杏佛经中国公学英文老师王云五介绍,加入秘书处,担纲收发组,认真负责,把好"窗口",给孙中山留下良好印象。孙中山解职后,杨杏佛并没有在北洋政府任职,而是响应孙中山"科学救国"理念,出国留学。

一　中山就职

1912年1月1日上午8点,孙中山从上海哈同花园住处出发,乘马车直驱上海北站。沪军都督陈其美、民政长李平书等人在寒风中已迎候多时。孙中山的随行人员有专程赴沪迎接的代表汤尔和、王宠惠、胡汉民、杨时杰、宋嘉澍(即宋氏三姐妹之父宋家树)、杨杏佛及英文秘书宋蔼龄、拟任临时政府军事顾问的美国人荷马李等数十人。

欢送仪式十分隆重,孙中山一行到达车站时,军队已先期集结,按队排列,各团体也派出代表恭候,欢送人群超过万人。孙中山平易近人,与欢送者合影、问候。热烈的欢送仪式推迟了专列开车的时间。直到上午10点,专列才起动前往南京。

行前,孙中山就赴任南京时交通座驾一事对陈其美说:"我辈革命党,全不采仪式,只一车足矣。"①沿途各站的迎送军民云集,孙中山频频向大家挥手致意。专列走走停停,经过数小时车程,到达南京下关火车站时,已经比计划要

---

① 居正:《梅川日记》,上海:大东书局,1945年,第71页。

图 2-1 1912 年 1 月 1 日上午,孙中山从上海赶赴南京就职

迟很多了。

时值冬日,夜幕已至,南京天色昏暗。欢迎仪式不及上海的欢送仪式隆重。据典礼参加者革命党人戴翼翘回忆:"十一月十三日(公元一九一二年一月一日)孙中山自上海到南京就职,我和吴忠信等在下午四五点左右去下关迎接,结果未能接到,不知孙先生早在那站下车了,大家只好回家。到家不久又接到通知,要我们晚上八点钟到制台衙门。我准时到达,才知道当晚中山先生就要就职了。"①

孙中山在下关车站只作了短暂停留,就换乘南京城内的"小火车"赶赴原两江总督署参加就职仪式。据王有兰记述,孙中山花车抵三牌楼站时,忽然见有疑似"洋兵列队,举枪致敬。不胜惊讶之余,注目视之,乃是林宗雪女同志所率之女子北伐队,因各队员均年轻女学生,皮肤白皙,军服整洁,宛如洋兵也,相与一笑"②。林宗雪在辛亥革命时于上海建立"女子国民军",与浙江革命军

---

① 李毓澍、陈存恭:《戴翼翘先生访问纪录》,台北:"中央研究院"近代史研究所,1985 年,第 11 页。

② 王有兰:《迎孙中山先生选举总统副总统亲历记》,尚明轩、王学庄、陈崧编:《孙中山生平事业追忆录》,北京:人民出版社,1986 年,第 780 页。

并肩作战,参加"光复"南京战役,是著名的女中豪杰。

　　孙中山在督署站下车,得到黄兴等人迎接,后转登一辆蓝色丝绸绣花马车,从原两江总督署东门进入。当夜天色阴雨,寒风刺骨。孙中山走下马车后,在黄兴、徐绍桢的陪同下与欢迎的代表、将领等文武官员握手致意。然后,孙中山到督署煦园西花厅,简单地进了晚餐。

图 2-2　孙中山临时大总统办公室(今摄)

　　孙中山从早上开始,一路奔波,几乎都没有什么时间休息。冬日的夜晚阴冷灰暗、寒风刺骨,但丝毫不能影响到他高涨的热情。多年奋斗,终于就要迎来神圣的时刻。

　　因为准备仓促,加上孙中山抵达南京及总督署的时间也较迟,有人提议,就职典礼改在次日举行,但孙中山不顾旅途劳顿,坚定地要求不管多迟,哪怕迟些都要在当天举行。现在看来,如果孙中山不坚持,民国的开国典礼就很可能不是元旦这天了。他坚持元旦这天举行就职典礼,是经过深思熟虑的。

　　与孙中山同样兴奋的还有许多人,他们早早地来到典礼现场,其中有"各省代表会"的代表。等候典礼的代表们没闲着,有代表提议,各人写下自己的籍贯和名字,用总统印章加盖纸上,留作永久纪念。大家都表示赞同,于时备好笔墨纸砚,大家忙着书写、盖章。缺席人员,还可由好友代为书写、盖印。看来,孙中山的临时大总统印章已提前使用了。

典礼开始前,孙中山到大堂环顾现场,发现就职典礼的氛围不够浓郁,若有所思地对身边的秘书张荆野说:"我总觉得会场少了点什么。"张若有所悟地说:"少了横幅吧!"孙中山说:"正是!你赶紧写!"张荆野曾做过八旗教习官,字写得好,随即挽袖下笔,写下"吾大中华民国吉期良辰"10个大字,大堂左右立柱悬有同盟会纲领:"驱除鞑虏,恢复中华;创立民国,平均地权。"这些可能就是主要的典礼会场布置了。

图2-3 孙中山就职场景

关于就职典礼的开始时间及场景,有多种说法。据许师慎记载:"是日,下午十时举行临时大总统受任礼,黄兴左立,徐绍桢右立,各省代表及各军政长官等排立两阶,孙中山入礼堂,众呼'万岁!'就位后,各部人员向总统行三鞠躬礼。各炮台鸣炮二十一发。大总统就任礼序如下:一、军乐,二、代表报告选举,三、总统誓词,四、代表致欢迎词并致印绶,五、总统盖印宣言,六、海陆军代表致颂词,七、总统答词,八、军乐。"①

许师慎生于1907年,江苏无锡人,毕业于江苏公立商业专门学校。1928年后,历任中国国民党党史编纂委员会处长,监察院简任秘书兼发言人,总统府国史馆主任秘书兼纂修。孙中山就职时许师慎才4岁,没有参加典礼,其所述内容非其本人目睹,所编纂书籍因其公职身份而带有官方色彩。孙中山的就职典礼因此"隆重化"了。当时的真正场景应以当事人所述为据。

又据戴翼翘回忆,孙中山当晚的就职仪式极其仓促简单,他看见"中山先生和胡汉民走进来,两人都穿着大礼服,戴大礼帽,胡汉民手拿文告,站在中山先生的身边。中山先生宣誓就职后用广东话演讲,我根本就听不懂。仪式很快就结束后,灯很暗,也没照什么纪念的相片。我们很奇怪为什么这样草率,第二天才明白原来是赶在这天改元,用新历"②。

被誉为"辛亥革命三童子"之一的盛成,在1912年1月1日与孙中山同车从上海抵达南京,见证了当晚的就职典礼:"那天天气虽然很冷,但大家情绪饱满,一点都不感到冷。记得在仪式上,中山先生还同我拉了拉手,我也说了几句话。整个典礼进行得庄重简单,因为那个时代是绝对禁止官僚排场的。"③

从戴翼翘的"极其仓促简单"与盛成的"庄重简单"的描述,结合当时政局氛围推断,孙中山的就职典礼应是简单仓促的。根据推断,孙中山到达两江总督署时已是晚上8点多钟了,再经过休息、布置会场等等,典礼正式开始时间应在晚上10点至11点之间,很可能不是整点。

孙中山临时大总统就职典礼程序大致如下:奏军乐、代表报告选举情况、大总统致词、代表致欢迎词并颁发印绶、总统盖印宣誓、海陆军代表致颂词、大总统致答词等。孙中山和胡汉民都是广东人,讲的是粤语,难怪现场许多人都

---

① 许师慎:《国父选任临时大总统实录》,上海:中国文化服务社,1948年,第53—54页。

② 李毓澍、陈存恭:《戴翼翘先生访问纪录》,第12页。

③ 盛成:《南京光复和迎接孙中山到南京就任大总统的回忆》,江苏省政协文史资料研究委员会编:《在中山先生身边的日子》,南京:江苏古籍出版社,1986年,第65页。

听不懂。这是就职典礼的一个遗憾，并且整个就职仪式没有留下任何影像资料。

据同盟会会员袁希洛回忆："这庄严的典礼以在夜间的缘故，当时摄影记者未有镁光设备，不能摄一张照片，殊为可惜。"[①]可见，没能留下影像资料是因为那时的闪光技术比较落后，并且还有一定的危险性，便没有拍摄。

仪式简单虽然，但意义深远，许多人都见证了这一重要的历史时刻。不过，杨杏佛却遗憾地错过了这一盛事。

二　缺席典礼

孙中山就任中华民国首任临时大总统，开创民国，是革命党人的重要政事，参加就职典礼是荣幸之至。但是，一些重要人物缺席了这次典礼，他们当中有的是身在海外，因路途遥远，没能赶上；有的身在南京，却因"突发事件"，没能参加这次"盛事"；还有的是在"躲避"……原因种种，也是民国初期政治局势的体现。

宋教仁、居正是同盟会及各省代表会中的重要人物，却没能参加孙中山的就职典礼。当天，宋教仁和前来约他一起参与大典的居正等人，刚要出住所龙公馆大门，就被女子北伐队队长林宗雪带的一群女兵挡住。

林宗雪手按着剑，大声说："我们来此不要怕，只是要求女子参政权，必须宋先生答应。"宋教仁被纠缠得有些受不了，焦急地说："大总统今天就职，你们不去排班护卫，已经失礼，向我要求，更是无理取闹。"

宋教仁遇到如此不好对付的女中豪杰，也没什么办法，让她们一同前往就职典礼现场，也无济于事。如此耽误了不少时间，好不容易说得她们离开。因为通讯不便，宋教仁以为就职典礼尚未结束。

当宋教仁、居正来到就职现场时，已人去楼空，好不容易找到胡汉民，说明

---

① 　袁希洛：《临时大总统就职典礼见闻》，《纵横》(北京)2001年第10期。

迟到原因,余怒未消,愤然说道:"她向我要求参政权,岂不好笑!"胡汉民调侃说:"良辰美景,赏心乐事,龙公馆岂不比这里要快活得多吗?"三个男人相视大笑,只有通过握手共祝革命大业成功。①

杨杏佛与好友任鸿隽一样,也没有参加孙中山就职典礼,没能目睹这一历史性重要时刻。

1908年,任鸿隽离开中国公学赴日本留学攻读应用化学,1909年,经但懋辛、朱芾煜介绍加入中国同盟会,与吴玉章联系甚密。辛亥革命前夕,任鸿隽担任中国同盟会四川分会会长、书记等职,负责购买军火,向国内革命党人输送枪支、弹药。

武昌起义前夕,四川保路运动在全川搞得轰轰烈烈。任鸿隽在日本密切关注家乡这一活动,以笔作枪,在海内外引起极大反响。除了言论,任鸿隽还负责配备遣送人才,在海外中国同盟会大本营东京总部,资助一批又一批的革命党人回国,投身革命。这其中包括在日本士官学校求学的蒋介石、张群等人。1911年武昌首义后,任鸿隽归国,已内定为大总统府秘书长的胡汉民,"邀约一些曾在东京参加同盟会及为《民报》写文章的朋友们到南京去帮忙"②。就这样,任鸿隽担任了孙中山临时大总统秘书。

1912年1月1日这一天,任鸿隽搭了孙中山的专车到南京,一路劳顿,终于熬不住了,找了个地方好好地睡了一觉,这一觉睡得好个痛快,起床后才听说"孙先生已在半夜里举行了就职典礼"③,因为睡觉错过了这次盛典,感到十分遗憾。

杨杏佛没能参加这次典礼,现在原因不明。但推断,或是他当天因事未能参加,或是他与任鸿隽一样,因为奔波辛劳而错过孙中山就职典礼。

---

① 居正:《梅川忆往》,马志亮主编:《喋血共和——忆宋教仁》,长沙:岳麓书社,1997年,第177—178页。

② 任鸿隽:《记南京临时政府及其他》,中国人民政治协商会议全国委员会文史资料研究委员会编:《辛亥革命回忆录》(第一卷),北京:文史资料出版社,1961年,第410、411页。

③ 同上。

三　入值秘书

孙中山的就职典礼虽然仓促简单,却丝毫没有影响临时政府的组建。孙中山对政府的框架早已构思成熟。

1月2日,孙中山发表通电:"中华民国改用阳历,以黄帝纪元四千六百零九年十一月十三日为中华民国元旦。[①]"中华民国临时政府改用阳历,并以中华民国纪年。改变历法,在社会上引起强烈反响。因为来得突然,事先没有宣传过渡阶段,社会上许多行业都不适应。后因骤改历法恐引起商界结账不便,又以通电照会各处商会,通告商市,仍以2月17日即旧历除夕,为结账时期。

1月3日,孙中山亲自前往各省代表会议,交议了亲拟的"中央行政各部组织及其权限案",并修改了临时政府组织大纲,设置9个部,平衡各派势力。孙中山提出部长人选,经过同盟会、立宪派人士激烈商议,各省代表会才正式通过副总统及各部总长人选,分别为副总统黎元洪、陆军总长兼参谋总长黄兴、海军总长黄钟瑛、外交总长王宠惠、内务总长程德全、财政总长陈锦涛、司法总长伍廷芳、交通总长汤寿潜、教育总长蔡元培、实业总长张謇。

各部总长确定后,各部次长及参谋次长均由孙中山亲自圈定,多为同盟会会员,分别为参谋次长钮永建、陆军次长蒋作宾、海军次长汤芗铭、外交次长魏宸组、内务次长居正、财政次长王鸿猷、司法次长吕志伊、交通次长于右任、教育次长景耀月、实业次长马君武。另任命宋教仁为法制局局长,黄复生为印铸局局长,冯自由、但焘先后任公报局局长,冯自由任稽勋局局长,铨叙局尚未成立,临时政府即已北迁。

秘书处是临时政府的常务办公机构,孙中山任命得力助手胡汉民担任秘

---

① 《临时大总统改历改元通电》(一九一二年一月二日),广东省社会科学院历史研究室、中国社会科学院近代史研究所中华民国史研究室、中山大学历史系孙中山研究室合编:《孙中山全集》(第二卷),北京:中华书局,1982年,第5页。

书长。胡汉民当时年仅 34 岁。章太炎说："临时政府成立以来，宪法未定。内阁既不设总理，总统府秘书官长，用真宰相矣。"①根据《总统府秘书长暂行章程》规定，秘书长总揽总统府日常事务，胡汉民故有"第二总统"之称，随侍孙中山左右。

孙中山就职后，将原两江总督署的煦园西花厅作为"临时大总统办公室"，办公居住条件均十分简朴。胡汉民与孙中山同居一室，夜以继日地工作。为处理好繁重的日常事务，秘书处下设总务、军事、外交、民事、电务、官报组，李肇甫、李书城、马素、但焘、谭熙鸿、冯自由分别担任组长。总务组有熊成章、萧左梅、吴玉章、任鸿隽，军事组有耿伯钊、石瑛、张通典，外交组有张季鸾、邓家彦，民事组有彭素民、廖炎，电务组有李骏、刘鞠可、黄芸苏，官报组有易廷熹等人。

图 2-4　孙中山与秘书们在秘书处前合影

---

① 汤志钧编：《章太炎政论选集》（下册），北京：中华书局，1977 年，第 540 页。

孙中山组建临时政府,急需忠实可靠的人才,雷铁崖是秘书长胡汉民约往南京出任秘书的。临行时,他又代邀了柳亚子、杨杏佛等人一同前往。听说要赴孙中山组建的南京临时政府任职,从此可以为仰慕已久的孙中山服务,杨杏佛兴奋不已。

总统府秘书处的任务不限于文书或机要工作,如接待组是由秘书主持,收发组也是由一位秘书主管。民主政治初始,百废待兴,各地纷纷上条陈、提建议,什么人能担负起看管临时政府收发"窗口"的重任呢?

据王云五回忆,此人正是他在中国公学的学生杨杏佛①,年仅19岁,却掌握了极为重要的收发组,所收文件除了标明特别机密的以外,主持收发组的秘书都有权开拆,直接分送某单位或秘书办理。在雷铁崖、柳亚子、任鸿隽等人的共同推荐下,杨杏佛被任命为秘书处收发组组长。时年只有19周岁的杨杏佛,能圆满担当起此重任吗?

图2-5　孙中山临时大总统府秘书处(原址复建)

---

① 王云五著:《岫庐八十自述》(节录本),上海:上海人民出版社,2007年,第36—37页。

四 担当"窗口"

1912 年 1 月,临时政府建立之初,秘书处作为临时政府主要办事机构,有大量的工作需要完成。各种公函、草拟文告、建议、批答的文件,每天如雪片般飞向秘书处,工作紧张繁重。

胡汉民和廖仲恺是孙中山的重要助手,特别是胡汉民经常过来请示汇报。孙中山对于那些没能完全按照自己要求所做的事情,也予以理解,大多点头表示认可。孙中山"乐取于人以为善",不必全照己意,对胡汉民充满信任。

孙中山推荐胡汉民担任广东都督,并说:"胡汉民先生为人,兄弟知之最深,昔与同谋革命事业已七八年,其学问道德均所深信,不独广东难得其人,即他省亦所罕见也。前革命军起时,兄弟约其同到江南,组织临时政府,彼力为多,嗣兄弟蒙参议院为临时总统,一切布施,深资臂助。迹其平生之大力量、大才干,不独可胜都督之任,即位以总统,亦绰绰有余。"[①]对胡汉民评价甚高。

秘书处各部门在胡汉民的具体领导下各司其职,相互配合。杨杏佛以高度的责任心,认真地担负起看管临时政府"窗口"的重任。

现今,孙中山曾就职临时大总统的南京总统府大堂和二堂之间的屏门东墙上,依然保存着一个木窗。这个木窗离地面 1.5 米,呈等腰梯形,上边长约 20 厘米,下边长约 40 厘米,高 45 厘米左右。

小窗口横穿墙体,两边都用木窗框镶嵌和固定,走近细看,木窗框上还似乎有油漆彩绘的痕迹。木窗内两侧都是小青砖砌成的墙体,内顶上还有一块菱形的铁件,中间有个圆圆的凹槽。这个木窗是在 2007 年被发现的,在窗内还有《民立报》和菱形铁件等文物。

《民立报》是于右任于 1910 年 10 月 11 日在上海创办的刊物,报馆设在公

---

① 孙中山:《广东为全国之肢体》,《总理全集》(第二卷),上海:上海民智书局,1930 年,第 161 页。

图 2-6　大堂后的传达窗口保存至今

共租界。于右任为社长,主笔为宋教仁、范光启、景耀月、章士钊等,经理吴忠信、邵力子,并得到沈缦云、庞青城、张静江等人的财力支持,以刊发新闻为主,每日印刷三大张。报纸以提倡国民独立精神,培植国民独立思想,建立独立之民族和保卫独立之国家为宗旨。该报针砭时弊,揭露君主立宪骗局,批判封建专制制度,谴责帝国主义侵略,鼓吹民族民主革命,号召推翻清政府。

辛亥革命时期,《民立报》积极报道各地资产阶级民主革命运动,反对南北议和,鼓吹北伐,介绍政党政治和责任内阁制,并发起关于社会主义的讨论,刊登了宋教仁的《社会主义商榷》等文。1913 年,宋教仁被暗杀后,《民立报》率先公布袁世凯亲信刺宋真相。9 月 4 日被袁世凯查封,报社社长于右任逃亡日本。此报发行 3 年多,共刊出 1036 号。

由此推断,这个位于大堂和二堂之间的屏门东墙上的小窗口很可能就是民国初期孙中山担任临时大总统时期开凿使用,兼有传达和警戒的功能,从里往外看,大堂通向二堂的唯一通道尽收眼底,如果在此架一挺机枪,就等于锁住了总统府的咽喉,很难攻进总统府核心区。同时,此窗口也作收发信件之用。

民国时期大堂只有重大礼仪活动才使用,孙中山的临时大总统就职仪式就是在大堂举行的。民国初期的大堂后部是封闭的,在中间设有屏门通往二堂,并且中轴沿线有多道屏墙,并不是像现在这样完全敞开。

屏门以内的暖阁、二堂等处是平时议事、会见的场所。屏门到了晚间是关闭的,遇到急事就从这个小窗口通禀。窗口里原先还有一扇小门,今天剩下的菱形铁件应是当年的门槽。

孙中山就职后在原两江总督署煦园西花厅办公,最初一个多月的时间里,晚上住在办公室内,此后两个多月住在煦园一栋两层砖木结构的小楼上。而通往办公室和住处的主通道并不是现在的煦园园门,而是从大堂后沿屏门进入西暖阁。因此这个木窗很可能就是当年杨杏佛的工作岗位,特别是在夜间,他就是在此收发信件,传递重要信息。

2011年,中国第二历史档案馆新发现一批珍贵的南京临时政府档案文献,总计数量约700余件,主要分为三大部分。一是大总统文档,包括临时大总统令、批等档案原件,均由孙中山亲笔签发,这是有关孙中山存世档案与文物的重大发现。二是总统府电报房来电,时间跨度从1911年12月14日至1912年4月7日,这批收文电报编号从第1号至第554号,比较完整系统地记录了孙中山从1912年元旦在南京宣誓就任临时大总统至1912年4月1日宣布解职,这一时期所处理的政治、外交、军事、内政、经济等各方面的大事。这是关于孙中山大总统府重要文档极具价值的发现与补充。三是南京临时政府外交部文档,记录了南京临时政府短短三个月时间内,在外交方面付出的巨大努力和取得的成果。

民国初立,往来于临时大总统府的命令、批文、电报、信件数量很多,信件内容更是繁杂。杨杏佛以高涨的革命热情,忘我的工作,出色地完成了政府"窗口"的各项重任。

临时政府里的工作几乎是全天候的,没日没夜,随叫随到,虽然辛苦,但杨杏佛情绪高涨,热情似火。他曾唱道"博浪椎空,嬴秦朝换,"[①]热情欢呼两千多年专制政体的结束。

南京临时政府成立后,孙中山为平衡各方各派,不得不起用立宪派人士。政府下设9部,部长多为立宪派人士,首次内阁会议到1月21日才迟迟召开。南京临时政府实际成为资产阶级革命派和立宪派的联合政府,张謇等立宪派人士竟没有到南京任职。立宪派虽位在南京,却心属北京的袁世凯。

孙中山举步维艰,总统之位"非袁莫属"的呼声一时甚嚣尘上,甚至汪精卫等一些革命党人也支持孙中山让位。杨杏佛是坚定的革命派,坚定地支持孙中山。

五　共同进退

1912年2月12日,清廷下诏,清帝退位,中国两千多年的封建帝制至此终结。孙中山认为"帝制从此不存留于中国之内,民国的目的亦已达到",遂于2月13日向南京临时参议院请辞临时大总统,"清帝退位,南北统一,袁君之力实多",故让临时大总统之位给袁世凯。孙中山在辞职咨文中把遵守临时约法、临时政府地点设于南京、袁世凯必须到南京就任作为他正式解职的三个条件,想以此来限制袁世凯的权力。但这遭到了袁世凯的强烈反对,袁氏发出通电以"退归田园"相威胁。

图 2-7　杨杏佛 1912 年在北京留影

这并不能动摇孙中山要袁世凯南下就职的决心。2月17日、18日,孙中山分别以电、函继续动员袁世凯南来,同时电告袁世凯已派教育总长蔡元培为

---

① 杨杏佛:《满庭芳·复生归蜀,赋此赠别》,胡朴安选录:《南社丛选》(下),第1020页。

欢迎专使,外交次长魏宸组、海军顾问刘冠雄、参谋次长钮永建、法制局局长宋教仁、陆军部军需局局长曾昭文、步兵第 31 团团长黄恺元、湖北外交司司长王正廷、前议和参赞汪兆铭(精卫)为欢迎员,偕同唐绍仪前往北京,专程迎袁南下就职。

以蔡元培为首的南京临时政府欢迎团到达北京,袁世凯组织了盛大的欢迎仪式,"所过路均有军队夹道而立,火车站且有军乐队一班"。对于南下的请求,袁世凯语带威胁的口吻,"答以若赴南以后,北方军队恐有猜疑而有破坏秩序之举动"。①

2 月 29 日晚 7 点 30 分,曹锟所属的第三镇发动兵变,这是袁世凯最亲信的卫队。他们在东城区东华门、王府井大街和前门一带纵火抢劫。乱兵们还持枪闯入欢迎团的住处,蔡元培等人仓皇逃到六国饭店。3 月 1 日夜,乱兵们又在西城和北城焚掠,北京居民数千家遭到严重损失。接着,通州、天津、保定亦相继发生"兵变",洗劫居民店铺。于是,帝国主义各国纷纷调兵保护使馆,形势颇为紧张。

这使得旧官僚、军阀、立宪派进一步支持袁世凯在北京就职,而革命阵营内部一部分革命党人也偏向了袁世凯。张謇、章太炎公开表示赞成北京为统一后的临时政府地点,甚至朱瑞、姚雨平、柏文蔚、李燮和等南京军界的重要将领也主张定都北京,这就使孙中山陷于被动地位。

"北京兵变"也使蔡元培等迎袁专使偏向赞同袁世凯在北京就职,他们惊恐之余,一再上书孙中山和南京临时参议院:"培等会议数次,全体一致谓不能不牺牲我等此来之目的,以全垂危之大局。"并提出根据"消灭袁君南行之要求"和"确定临时政府之地点为北京"②两项主旨,来与袁世凯做最后的交涉。无奈之下,3 月 6 日,南京临时参议院正式决议同意袁世凯在北京就职,3 月 10 日,袁世凯在北京就任第二任临时大总统。

---

① 陶英惠:《蔡元培年谱》(上),台北:"中央研究院"近代史研究所,1976 年,第 258 页。

② 蔡元培:《报告北上迎袁经过情形复孙大总统电》,孙常炜编:《蔡元培先生全集》,台北:台湾商务印书馆,1991 年,第 1057 页。

但孙中山为制约袁世凯，依然于 3 月 11 日通过临时参议院公布《中华民国临时约法》，政体方面改总统制为内阁制，试图以内阁总理来制约袁世凯的权力。3 月 12 日，唐绍仪被袁世凯正式任命为首任内阁总理。

新政府总理唐绍仪就职后，携员南下接收临时政府秘书处，他宣布：愿意继续为官的，可随同北上任职。这对众多年轻人来说，是一个政治岔路口，何去何从，直接关系到自己的前途与未来。

秘书处中多数人无意北上继续从政，早已作出跟随孙中山、反对袁世凯的决定，固而拒绝北上，他们虽然职务不高，但决定与孙中山共进退。杨杏佛写道："雄谈夜半斗牛寒，泪渍蟫鱼死不干。吟到恩仇心事涌，忽收古泪出长安。"[①]

在南京临时政府任职期间，杨杏佛就感到恶势力强大的客观事实，真是"水火争廊庙，豺狼当道前"，在"万马齐暗究可哀"的社会环境中，他只有"高吟肺腑走风雷"，将满腔爱国热情化为诗句，发自肺腑，仿佛在呐喊心中的郁闷，在呼唤百姓的觉醒，"歌哭无端字字真"。[②] 年轻的杨杏佛在离任之际，作《春闺怨》表达苦闷心情，其中云"看花无语泪痕多，万叠新愁压翠娥。春好恰逢人怨别，昼长幸有燕能歌。笑桃门户斜阳恋，锦瑟华年逝水过。……一捻舞腰消瘦尽，此情惟有带围知"。

杨杏佛多愁善感，忧国忧民，认为"今日不挥闲涕泪，更何方法遣今生"[③]，他经常与朱蒂煌、黄复生、雷铁崖、柳亚子、任鸿隽等志同道合的革命志士交谈至深夜，谈得涕泪纵横，声泪俱下，为国内政治担忧。

此次权力交接，使杨杏佛与任鸿隽等感到虽然把皇帝拉下了马，但社会的现实并非革命党人所愿，革命没有实现男女平等、民主自由的理想。任鸿隽认为自己及其同辈的才学，尚不足以担当社会大任，因此他们愿意出国学习，为

---

① 杨杏佛：《感事十绝，集定庵句》，胡朴安选录：《南社丛选》（下），北京：解放军文艺出版社，2000 年，第 759 页。

② 杨杏佛：《感事十绝，集定庵句》，胡朴安选录：《南社丛选》（下），第 759 页。

③ 同上。

建设新生的民国服务。于是杨杏佛与任鸿隽等人联名呈文,要求政府资助他们出国留学,以待将来学成归国继续追随孙中山从事实业,投身国家建设。

六　南社斗争

在临时大总统府秘书处工作期间,杨杏佛认识了很多人,开阔了视野,并结交了很多好友。南社主盟人柳亚子便是其一。

1912年1月,南京临时政府成立不久,担任主要秘书工作的雷铁崖认为自己的骈文水平不及柳亚子。临时政府里如果没有骈文大家,就难以写出令人震撼的文字,而使"钟阜蒙羞,石城含垢",雷于是力荐柳亚子,秘书长胡汉民同意后,亲自恭迎。

柳亚子先是拒绝,后经不起雷铁崖的拍案顿足和大义相责,才勉强到南京出任临时大总统府秘书。杨杏佛因此与柳亚子相识。

南社最初酝酿于1907年,1909年在苏州正式成立,发起人是柳亚子、高旭和陈去病等,成员大多属于新兴资产阶级、小资产阶级等知识分子阶层,其

图 2-8　1909 年 11 月 13 日,苏州虎丘南社成立大会合影

中不少人是革命派文化宣传队伍中的积极分子。南社之名,取"操南音,不忘本也"之意,暗示反对北廷的意义,按柳亚子的话说,"发起的南社,是想和中国同盟会做犄角的"①。

南社以文会友,受孙中山领导的中国同盟会影响,支持资产阶级民主革命,提倡民族气节,反对清王朝的腐朽统治,为辛亥革命做了非常重要的舆论准备。1909 年 11 月,在苏州虎丘举行的第一次雅集共 17 人参加,其中 14 人是同盟会会员。

1911 年,绍兴、沈阳、广州、南京等地相继成立越社、辽社、广南社和淮南社。武昌起义后,淮南社发起人周实、阮式等在故乡淮安率众响应,被清政府杀害。南社立即集会追悼,要求惩办凶手。

此时,南京临时政府已在和袁世凯"议和",柳亚子等人以上海《天铎报》为阵地,撰文和南京临时政府机关报《民立报》论战,反对妥协,主张北伐,彻底推翻清政府。

杨杏佛经过 9 年私塾训练,喜爱赋词作诗,又与柳亚子政治旨趣相同,自然声应气求,写下了许多满怀壮志的诗篇。一首载于《南社词集》的《贺新郎·题亚子〈分湖旧隐图〉》,将杨杏佛满腔爱国热情和政治抱负表达得淋漓尽致。杨杏佛诗性豪爽,早年将诗稿寄给柳亚子,因而参加过 1910 年 4 月的南社第二次雅集。

柳亚子虽然仅在秘书处工作了 3 天,但这 3 天的接触让他对杨杏佛的"语言妙天下"颇为敬佩,加之两人之前早已相识,志向相合,迅速成为知己。柳亚子邀请杨杏佛加入南社,杨欣然应允,于 1912 年 3 月 12 日加入南社。

杨杏佛参加南社后,正逢南北临时政府过渡时期,南京临时政府解散在即,他作为秘书处成员,有很多善后事需要处理,所以没有时间参加南社于 3 月 13 日在上海举行的第六次雅集活动。

因留学出发时间未定,6 月,应京津同盟会机关报《民意报》总经理钱赵樵

---

① 柳亚子:《南社纪略》,上海:上海人民出版社,1983 年,第 100 页。

邀请,任鸿隽任该报总编辑,杨杏佛到京任该报北京记者。杨杏佛与任鸿隽每天信件、电话往来频繁,星期天也不休息,每天都有一篇社论和一两篇时事短评,及时报告袁世凯政府的举动及内幕,使《民意报》成为反袁斗争的重要喉舌。

7月5日,北京《国民公报》所刊时评称南京临时政府为"南京假政府"。当晚,北京《国风日报》同盟会干事白逾桓、《民主报》同盟会干事仇亮、《国光新闻》同盟会干事田桐率领同盟会系统的《民主报》《国光新闻》《民意报》《女学报》《亚东新报》等七报工作人员20余人,前往《国民公报》报馆问罪,打伤了该报经理徐佛苏、主笔蓝公武,并将承印该报的群化印书馆全部捣毁。

柳亚子闻讯后甚觉痛快,称田、仇等人此举,就像《红楼梦》中探春击王善保家,大是快人快事,并大骂徐佛苏是无恶不作的"保党悍酋"。白、仇、田不久遭起诉,但杨杏佛和柳亚子一样支持他们,指责《国民公报》肆无忌惮地攻击南京临时政府为"假政府"。

在京时期,热心的杨杏佛计划与田桐一起创建北京南社分会,他主动向柳亚子表示要组织在京社友雅集,并介绍新人入社。但是,由于忙于报馆事务,杨杏佛之后并未参与北京南社分会的发起活动。7月15日,他写信向柳亚子坦陈,北京南社分会已成立,发起人是田桐,通讯处即设于其《国光新闻》社内。

随着国内政治形势的日益恶化,对于袁世凯的肆意妄为,杨杏佛甚为愤慨,他在给柳亚子的信中指斥袁世凯操纵国会选举之奸险狡诈。眼见梁启超辈公然狐媚权贵,杨杏佛对柳亚子表示,他不愿再待在北京这样一个魑魅魍魉的活动场。

8月,《民意报》连日刊载《共和建设别记》长文,揭露袁世凯在南北议和中使用手腕谋取临时政府大总统职的内幕。文尚未刊完,袁世凯已大怒,授意天津法租界当局下令将《民意报》停刊。8月13日,宋教仁、景耀月、田桐、陈蜕盦、杨杏佛、仇亮6人在《民主报》发表《告在京南社诸社友》,正式宣告南社北京事务所成立。

在此期间,孙中山应邀正在北京与袁世凯共商国是,杨杏佛与任鸿隽将

《民意报》停刊之事告诉孙中山,希望孙中山能够要求袁世凯准予复刊。但因"稽勋留学生"出国日期临近,杨杏佛准备取道南下上海,故而依然没能参加北京社友于9月在黄兴寓所举办的雅集。

离开北京前,杨杏佛告诉柳亚子,《民意报》同人已齐集北京,准备做最后的激战,而他本人待孙中山由山西考察归来后,将随之赴沪。《民意报》终未能复刊,杨杏佛因出国留学事已定,不久即随孙中山离京南下。因11月6日才抵达上海,杨杏佛未能如愿与柳亚子相会于10月27日南社在上海举行的第七次雅集。

杨杏佛喜欢诗词雅赋,对南社雅集充满兴趣,但很少参加活动,前期是因工作繁忙,后期则因已在美国留学,只好隔洋而望。杨杏佛诗词俱佳,在美时期他经常与友人诗词相和。归国前,他将在美留学时的诗词佳作重新誊抄,装订成《康桥集诗》和《康桥集词》各一本。

第三章
践行中山愿　出国寻科学

杨杏佛经过认真思考,对孙中山、袁世凯两人政治理念做比较,决定不赴北京任职,辞去临时大总统府秘书处工作,按照孙中山"实业救国"的理念,赴美国留学深造。

一　出国留学

孙中山辞职后,思绪万千。他想到自己回国前国内革命阵营的胶着与困境,想到自己众望所归担任临时大总统时挥师北伐、推翻清廷的雄心壮志,想到捉襟见肘的财政危机,想到逼迫清帝退位的任务不得不依仗脚踩两只船的袁世凯去完成,想到自己为了保存革命成果的用心良苦,最终却不得不将革命领导权交给投机圆滑的袁世凯。

孙中山虽在祭南北共和成立大典时表示"余于解任后,亦仍愿尽力于新政府也"①,但他知道自己在袁世凯政府的地位将很尴尬。所以他决定远离政治,开始从事长期构想的"实业救国",特别是"铁路救国"事业。

孙中山在少年时代就受欧美文化的熏陶,深知科技进步对于物质文明创造及国家富强的重要作用。他看到帝国主义列强为政治、经济、军事侵略的需要,疯狂掠夺中国资源,竭力争夺在中国修建铁路的特权。年轻时的孙中山就担忧国家民族的危亡,提出:"或云年来英商集巨款,招人开垦于般岛,欲图厚利;俄国移民开垦西北,其志不小。我国与彼属毗连之地,亦亟宜造铁路,守以

---

① 梁华平、严威编:《辛亥革命史事长编》(第9册),武汉:武汉出版社,2011年,第218页。

重兵,仿古人屯田之法。"①这就是孙中山最早提出的关于用铁路保家卫国的认识。

孙中山在 1894 年的《上李鸿章书》中,谈及欧美各国发展交通对商业发展所起的作用时写道:"欧洲富强之本……在于人能尽其才,地能尽其利,物能尽其用,货能畅其流……凡为铁路之邦,则全国四通八达,流行无滞;无铁路之国,动辄掣肘,比之瘫痪不仁。地球各邦今已视铁路为命脉矣。"②

孙中山早已开始从改善贸易、振兴经济的角度来看交通建设在国家经济建设中的重要地位,并萌发了通过修建铁路促使商业繁盛、国家富强的思想。看到跟随自己的年轻才俊们,孙中山意识到他们是中国的未来,中华复兴的重任将靠他们完成。孙中山觉得应为这些年轻人提供机会,而出国留学学习科技就是一条很好的出路,学成归国后能更好地报效国家。

1912 年 4 月 1 日,孙中山赴南京临时参议院解职临时大总统职务。解职前对秘书们语重心长地表达自己的殷切希望,他讲到政治形势,说到袁世凯的北洋政府,也提到自己实业救国的构想。8 月,孙中山赴北京与中华民国临时大总统袁世凯商谈国是。袁世凯对孙中山表示,支持他实业救国的想法,并且任命孙中山为铁路督办。

经孙中山、黄兴推荐,原南京临时政府秘书处的冯自由,被袁世凯任命为北京临时政府稽勋局局长,这是一个收集革命史料、稽查并表彰辛亥前革命党人工作的机构。冯自由为积蓄革命力量,积极活动,在短短的 14 个月稽勋局局长任内,使在美国学习的孙科得补官费,并且争取到两期 78 人赴欧美日稽勋留学生名额。

第一期稽勋留学人员共计 25 人。其中,杨杏佛、曾广智、刘式薰、刘鞠可、黄芸苏、任鸿隽、赵昱、邝辉、余森、王夏、宋子文等 11 人派往美国;饶如焚、曾鲁光、熊传第、何超、何建南、邹卓然、彭砥、李文彬、何春田等 9 人派往日本;张

---

① 孙中山:《农功》(一八九一年前后),《孙中山全集》(第一卷),北京:中华书局,1981 年,第 6 页。

② 孙中山:《上李鸿章书》(一八九四年六月),《孙中山全集》(第一卷),第 8 页。

竞生、谭熙鸿等2人派往法国;冯伟、邵逸周等2人派往英国;萧友梅1人派往德国。这些年轻人中,杨杏佛、任鸿隽、谭熙鸿、萧友梅、刘鞠可、黄芸苏等是南京临时政府秘书处工作人员,他们"要做官的当然有官可做",却决定到国外求学,各自选择专业深造,"将来再以所学报效国家",成为中国第一批稽勋留学生。

　　11月,经孙中山批准,由北京临时政府稽勋局办理,杨杏佛等11名"稽勋留学生"在上海乘"蒙古号"海轮赴美。

图3-1　杨杏佛(左二)在美留学时,与宋子文(中)等合影

　　在上海等待赴美留学期间,杨杏佛结识了同批留美的稽勋生宋子文。两人一经结识便交好,杨杏佛是中国公学学生,宋子文父亲宋耀如曾在中国公学教书,这也许是两人一见如故的主要原因。临行前,杨杏佛"曾与宋子文至其家"。

　　在离国赴美留学前夕,杨杏佛在上海购买了一面五色旗带往美国。在美留学期间,杨杏佛等人时刻关注着祖国的讯息,"每见民国有倾覆之虞则出旗凭吊"，他曾作诗言志道："生当为国瘁，死当为国殇。"[1]

12月1日，杨杏佛乘长途汽车从纽约赴康奈尔大学。康奈尔大学位于纽约北部小城伊萨卡(Ithaca)，校园风景之优美，在美国大学中是数一数二的，这是中国留学生较为集中的学校。胡适到车站迎接，二人多年不见，海外相逢，异常喜悦，彻夜长谈，谈自己，谈国家。杨杏佛从日后从事科学和实业的愿望出发，选读机械工程专业。

刚刚离开故土的杨杏佛一到美国，就在给好友柳亚子的信中急切地询问"国中近状如何"。不久，他告诉柳亚子，他已经从西报及友人华报中"略窥端倪"，对"故国近状日趋破败""辄为长叹"。[2]

杨杏佛很快地适应新环境，重振精神，系统学习西方现代科学技术与文化知识，从科学的海洋中去继续探求日后救国之路。留学期间，杨杏佛有意识地将科学文化知识与中国的实际需要相结合，期望日后能推动国内科学进步，改变中国上百年来积贫积弱的状况。

二　创办《科学》

1914年6月，第一次世界大战爆发前夕，世界列强依靠科技进步，争相扩大势力范围。美国先进的科学与中国落后的面貌形成巨大的反差，刺激着杨杏佛和他的同伴。杨杏佛经常与同学们讨论国际局势，有人问到将来用什么为国效力最有用时，杨杏佛想到孙中山说过的话，与任鸿隽共同提出中国所缺乏的莫过于科学，提议创办刊物向国人介绍科学。

6月10日晚，大考刚过，10来个在康奈尔大学留学的中国留学生，主要是以官费留美的庚款生和稽勋生聚集在一起，商议创办一份在中国宣传科学的学术期刊。他们分别是稽勋生任鸿隽、杨杏佛和庚子赔款生胡明复、赵元任、

---

① 朱玖琳：《从杨杏佛家藏书信看清末民初的官费留美学生》，《团结报》2016年6月16日，第5版。

② 同上。

周仁、秉志、章元善、过探先、金邦正等。大家一致同意,决定刊名为《科学》,并推举杨杏佛、任鸿隽与胡明复三人起草章程。

刊物准备阶段很顺利。9 月 2 日,杨杏佛主持召开《科学》月刊编辑部第一次正式月会,讨论审定创刊号稿件。不久中国留美学生在康奈尔大学举行年会,21 岁的杨杏佛在会上作《科学与中国》的演讲,获得全校华人演说第一名,演讲才华初展。与孙中山一样,杨杏佛有着良好的口才。他的宣传演说卓尔不群,"往往庄谐交织,很感动听众"。①

图 3-2　1915 年春,杨杏佛与科学社社友任鸿隽(前左)、
唐钺(前右)、胡明复(后右)等人合影

1914 年下半年新学期刚开学,杨杏佛就在留美中国学生会年会上作了一场名为《科学与中国》的主题演讲,详细阐述了西方科学对于远在大洋彼岸的中国的重要性。该演讲激发了留美中国学生强烈的爱国热情,纷纷表示学成后将回去报效祖国。他们中就有不少人,听从了杨杏佛的召唤回国,进入中央

①　杨小佛:《杨杏佛事略》,《人物》1982 年第 1 期。

研究院工作。

1915 年 1 月,《科学》创刊号出版发行,刊物采用左起横排、使用标点符号等新式排版法,这在中国书刊印刷史上是首创。《科学》以其取材丰富、编排新颖吸引着大量读者。为创办《科学》杂志,他们发起成立了科学社,由杨杏佛起草的《科学社招股章程》定科学社宗旨为"提倡科学,鼓吹实业,审定名词,传播知识"。①

10 月 25 日,以发行《科学》月刊为主的科学社,经过改组定名,成立中国科学社。社中董事会之下最主要机构为期刊编辑部,杨杏佛众望所归,任编辑部部长,职责为:总理编辑一切事宜;实行编辑部章程;对董事会负编辑部全责。杨杏佛作为编辑部部长,还兼任负责期刊体裁、审定期刊文稿的审查委员会委员长。中国科学社社员依其所学科目分为若干股,杨杏佛是机械工程股股长。

胡适与杨杏佛亦师亦友,在离开康奈尔大学赴哥伦比亚大学攻读博士学位前,与杨杏佛、任鸿隽、梅觐庄合影留念并题诗,写杨杏佛的一段为:"种树喜长扬,非关瘦可怜。喜其奇劲枝,一一上指天。"诗中借杨树写出杨杏佛刚直不阿的性格特征。

11 月,杨杏佛在《科学》第 1 卷第 11 期上,发表了宣扬科学管理的处女作《人事之效率》一文。文中,杨杏佛介绍了当年风行美国、影响全世界管理科学的泰罗"科学管理"思想,不仅论述了泰罗学派的核心价值观,还联系中国社会实际,论述了泰罗学派的方法论即"效率主义"。

杨杏佛强调:"成败优劣之所由,分在用之有尽有不尽耳。尽之之道唯何?曰:必自增进人事效率始。"杨杏佛指出,中国社会普遍存在的问题乃"效率思想不发达耳"。他强调,在人事管理问题上,中国人事管理不注重科学的管理方法,往往"用非其长,任非所习";办事情"行之未远,持之不坚";管理方法低

① 胡适:《回忆明复》,《科学》第 13 卷第 6 期,1928 年。

下,就会造成大量低效或无效劳动[①]。

杨杏佛另一篇宣传管理科学的文章,是 1918 年 11 月在《科学》杂志上发表的《科学管理法在中国之应用》。在这篇文章中,他把管理方法分为三类:第一类是无条理之管理法(也称为习行之管理法),特点是凭习惯、经验办事,虽然从表面看具有管理行为,而实际上对其管理无意识,这一类管理是最无效率的管理法;第二类管理方法是有条理之管理法,这类管理方法比第一种方法效率要高,是根据过去的各种记录来有效分析谋划未来的管理,虽然有所进步,但是,仍没有抓住管理的要害;第三类管理方法是科学管理法,这种管理方法的特点是"攻管理之难题也,穷源尽流察其因果,易其境以观其变,限其因以求其同",在不同环境中利用各种科学实验,探求管理原理,所以,这种管理方法是效率最高的管理法,也是最有说服力的方法。[②]

杨杏佛之所以提倡科学管理,并不是盲从于西方的管理科学,而是看到了科学管理法中有重要的科学理念和根据,而中国特别需要这种科学管理理念。在该文中,杨杏佛还提到心理素质、记忆力、决策力、精力、乐业心等因素对管理的影响。

在管理科学中,杨杏佛非常注重人的情感因素,作为中国近代早期西方管理科学的传播者之一,他的管理科学观可谓独树一帜。除《人事之效率》《科学管理法在中国之应用》外,杨杏佛有关管理科学的文章还有许多,如 1917 年撰写的《效率之分类》、1918 年撰写的《增进个人效率的原理与方法》、1922 年撰写的《科学的办事方法》《科学管理法之要素》、1923 年撰写的《改良成本会计之方法与困难》《防火问题》《工厂管理法》等等。杨杏佛的管理科学文章,主要针对中国广大国民,所以,他善于通过通俗易懂的生活实例,深入浅出地宣传管理科学,以使非专业管理者通过阅读管理科学文章,从中获得管理科学的启迪。

---

① 杨杏佛:《人事之效率》,《科学》第 1 卷第 11 期,1915 年。
② 杨杏佛:《科学管理法在中国之应用》,《科学》第 4 卷第 1 期,1918 年。

《科学》杂志从倡议到出版仅半年时间,其速度之快,可见杨杏佛的工作精神与效率。从《科学》创刊到 1921 年,杨杏佛任编辑部部长 7 年之久,共经手主编 6 卷 69 期杂志。除审定、修改他人文稿外,自己译、著的稿件共 57 篇,近乎每期都有杨杏佛的文章。

科学社汇集着一批志在科学救国的热心青年,血气方刚的年轻人在一起不免会有些争执。在美期间,杨杏佛介绍科学社社友梅光迪、胡先骕和任鸿隽加入南社。南社"虽衡政好言革命,而文学依然笃古"[①]。

1915 年夏,在美丽的康奈尔大学校园,胡适同梅光迪、任鸿隽、唐钺和杨杏佛针对中国文学问题展开了热烈的讨论。胡适提出文言文是半死的文字,白话文才是活文字。此言遭到梅光迪、任鸿隽的坚决反对,关于"文学革命"的争论就此开始。

1916 年 8 月,杨杏佛在康奈尔大学机械系毕业后,转入哈佛大学攻读工商管理硕士学位,他在工商管理方面提出了许多有益于中国实业发展的独特见解,并发表在《科学》杂志上,也引起了一些争论。

1916 年是这群年轻人争论最为激烈的时候,当梅光迪对胡适开始人身攻击后,胡适也对梅光迪展开了反攻,同时将打击对象扩充到南社,引发柳亚子不满,起而反驳。

在这场争论中,与胡适同道的赵元任也在探讨"吾国文字能否采用字母制及其进行方法"的问题,提出国语罗马化的可能性。杨杏佛认为"中国文字可繁可简,可高可低,处今文明发达之世,正宜发挥光大之,岂有以罗马拼音代之之理"。而对白话文和白话诗他并不反对,所以当梅、任与胡"宣战"时,他"往往以事外人自居"而"作壁上观"。[②]

科学社初创时"暂时取一种公司形式,入社的须交股金五元,作为刊行《科

---

① 钱基博:《现代文学史》,上海:上海书店出版社,2004 年,第 241 页。
② 朱玖琳:《从杨杏佛家藏书信看清末民初的官费留美学生》,《团结报》2016 年 6 月 16 日,第 5 版。

图 3-3　杨杏佛在美国留学期间与朱经农(中)、梅光迪(左)合影

学》资本"①,草拟章程、编辑文字,以杨杏佛、胡明复、秉志、赵元任、周子竞、邹秉文诸君为最热心。在《科学》投稿,向来不收稿费,主持编辑的人也不受薪资。他们非但没有任何收入,而且还不断捐款,并为之付出极大心血。尤其在科学社初创时,作为《科学》编辑部部长的杨杏佛的付出可想而知。随着时间推移,科学社在管理中的矛盾,也慢慢凸显出来。

这班青年才俊做事极为认真,相互之间会因为意见相左而激烈争论,甚至横生龃龉。中国科学社第一届分股委员会委员长陈藩是杨杏佛在美时期新结交的朋友。但就是与这样的挚友,生性孤傲刚直、心直口快的杨杏佛也会与他争论不休。

1918 年 2 月,杨杏佛终于与《科学》社编辑部书记钟心煊因结下仇怨而决裂。3 月 3 日上午 10 点召开的《科学》编辑月会上,决定"书记一职删去,由部

---

① 　任鸿隽:《中国科学社社史简述》,《中国科技史料》1983 年第 1 期。

长总理一切,重新组织"。因为编辑《科学》而与他人多有矛盾的杨杏佛渐渐地萌生了厌意。

5月,杨杏佛以即将归国为由,将《科学》编辑事委托给赵元任。此后,他彻底退出编辑部。《科学》杂志刊登启事:杨杏佛即将归国,辞去编辑部部长。

虽然辞职,但杨杏佛依然关注着最新的科学动态,关心《科学》杂志的发展。1921年2月,《科学美国人》杂志刊登《爱因斯坦相对说》一文,杨杏佛马上意识到相对论的重要价值,仅一个多月时间,就将此文译成中文,并发表在《科学》月刊上,这是国内率先介绍相对论的的文章之一。

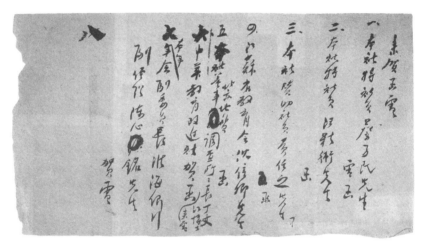

图3-4　1922年8月,杨杏佛手书科学社年会名人来贺函电清单

杨杏佛在《遣兴》诗中表达了海外游子无限思绪:"黄叶舞秋风,白云自西去。落叶归深涧,云倦之何处?"①胡适十分喜欢此诗,认为这是杨杏佛历年来所作诗中最好的20个字。

留学期间,杨杏佛各方面能力都明显提高,并且结交了一批挚友,除中国公学时期的旧友胡适、任鸿隽、朱经农、张奚若、饶毓泰、严庄等人外,还在海外认识了唐钺、梅光迪、陈藩、胡明复、赵元任、程孝刚等,并且收获了爱情。

---

① 胡适:《杨杏佛〈遣兴〉诗》,《胡适留学日记》(第12卷),北京:北京阅览文化传播有限公司,2017年,第3页。

三 姐弟恋情①

也许，这就是缘分。杨杏佛遇到赵志道，两人情投意合，很快相爱。

赵志道从武昌回上海，被中西女塾以"擅自离校，无故旷课"为由开除后，便被父亲赵凤昌送到美国读书。1912年初，赵志道赴美国后，她先入威尔斯利女子学院读书，在该校认识了宋美龄。威尔斯利女子学院是美国最为著名的私立女子大学，清末出国考察五大臣之一的戴鸿慈称之为"程度颇高，甚有名誉"。

1916年，杨杏佛在康奈尔大学毕业后，考入哈佛大学商学院学习工商管理。7月，杨杏佛、任鸿隽等稽勋留学生，创办中国科学社，办《科学》杂志，经常举办中国留学生聚会，探讨救国救民的真理。赵志道和女同学陈衡哲、柴冰海、韩美英等人就常应邀参加这些聚会。赵志道家境富裕，杨杏佛办杂志缺钱时，赵志道还资助他们。久而久之，男女青年之间，就擦出了爱情的火花。

任鸿隽与陈衡哲"一见如故，爱慕之情与日俱增"，杨杏佛对赵志道也是一样。当赵志道来信以"先生"相称时，杨以"先生两字俗用太多，敬而远之或厌而苦之皆加以先生，我辈朋友任呼一名皆可，但勿以先生压之"，使赵不再称他"先生"，瞬间拉近了两人之间的距离。

杨杏佛觉得，像赵志道这样官宦人家的小姐，能奔赴武汉，参加武昌起义，是非常了不起的；赵志道比杨杏佛大4岁，觉得杨年纪轻轻而有政治远见，富于献身精神，18岁就投身辛亥革命，得到孙中山的信任。就这样，两个年轻人在异国他乡相互倾慕而相恋，很快坠入爱河。

杨杏佛首先是以文采吸引了赵志道。杨杏佛与大多数南社社员一样，有

---

① 文中关于杨杏佛与赵志道感情内容，主要参考以下资料：杨小佛口述、朱玖琳撰稿：《杨小佛口述历史》，2015年；《啼痕——杨杏佛遗迹录》，2008年；葛昆元：《杨杏佛和赵志道终曲终人散》，《世纪》2010年第1期；朱玖琳：《从杨杏佛家藏书信看清末民初的官费留美学生》，《团结报》2016年6月16日，第5版；等等。

"集龚"之风,对龚自珍颇为推崇,以至于在给赵志道的信中,屡屡引龚诗述怀。在他思念赵志道夜不能寐时,他引用龚自珍"蹉跎复蹉跎,黄金满虚牝",哀叹自己虚度光阴一无是处。在赵志道跟他使性子时,他引龚自珍诗"欲求缥渺反幽深,悔杀前番拂袖心""人难再得始为佳",劝赵珍惜眼前人。

杨杏佛不反对白话文,也不反对白话诗,可他依旧保留着原有的习惯,从他给赵志道的信来看,不仅没有句读,还经常用典、用古奥字。以至于赵志道看了他的信后有自惭形秽之感,不无气恼地承认自己的信有"语病"。

赵志道出身名门,又面容姣好,陈藩赞

图 3 - 5　杨杏佛(右)在美留学期间
与赵志道(中)、任鸿隽合影

她颇具"林下之风",张奚若慕其"风流文雅"。杨杏佛的朋友们纷纷要求杨代为引荐,以一睹佳人风姿。赵志道也加入杨杏佛的"朋友圈",并且参与他们的讨论。

民国是新旧文化交流融合、碰撞摩擦的时期。婚恋方式由传统的父母包办、媒妁之言向自由恋爱转变,不同思想倾向构建出不同理想的婚恋观。"退婚""私奔""同居""离婚"等现象开始得到社会的同情与默认。通过婚恋,女性开始追求各领域的平等权利和个性自由。

1916 年 9 月,赵志道入孟河女子学院学习化学,两人身处异地。9 月 4 日,杨杏佛在给赵志道的信中开头就写道:"昨日甫上一缄,复书未至复有此书,女士必厌其烦,实则提笔时亦自笑其无谓,然心中似有物不吐之则不快……"[1]这句话,把杨杏佛思念赵志道的急切心情表露得一览无余。

---

① 《杨杏佛 1916 年 9 月 4 日致赵志道函》,《啼痕——杨杏佛遗迹录》,第 251 页。

　　杨杏佛在给赵志道的情书中,曾这样表白自己道:"国、亲与君三爱在心。今则国不成国,亲远莫及,君在咫尺而不能见,吾安得不佯狂颠倒耶!"[1]他屡屡如此表白,以至于赵志道不知他是出于真心还是戏谑,劝杨要"为国珍重"。

　　除了通信,每个礼拜天的约会,更是他俩日日期盼的。杨杏佛总是在礼拜天的清晨悄悄起床,乘火车赶往赵志道的校园。两人或在校园中散步,或在学校附近的小镇上喝咖啡,卿卿我我,流连忘返。往往一天很快就过去了,两人竟然毫不知觉。只恨时间走得太快,总觉得还有许多话未说,无奈明天要上课,杨杏佛只得连夜乘火车赶回学校。两个身处异国的热血青年就这样相恋相爱了。

　　杨杏佛热烈的爱国情怀,尤其是他为了实现自己的报国宏愿,忘我地工作,使赵志道分外敬佩。她觉得,杨杏佛不是一个空头政治家,而是一个不怕困难、勇于任事、勤奋工作的实干家。杨杏佛炽热的爱国情怀感染了她,两颗年轻的心终于跳在了一起。爱情的圣火,烧毁了一切世俗杂念,没有了门户的偏见,也没有了女大男小的障碍。他们真诚地相爱了。爱得那样热烈,那样沉醉。

　　赵志道和杨杏佛都是性情中人,两人在爱情之路上都在相互折磨。杨曾对赵分析原因道:"汝和、汝和,君一生受多疑之患,因好疑而自怨怨人,因好疑而使爱君者动辄得咎,更无好怀。人寿几何,以爱为仇,爱河诚苦海矣。此君所以每谓自识吾以来,历经许多磨折痛苦也。"其实这样的弱点杨杏佛自身也一样有,他不喜欢赵志道"臣门如市",不愿意赵志道与其他男性多交往。"爱河成孽海",杨、赵最后的结局其实在热恋时就已露出端倪。

　　杨杏佛向赵志道发起狂热的攻势,鸿雁传书,坠入爱河。洞悉赵志道性格的陈衡哲和柴冰海二人曾劝赵"避爱",预言她和杨不会长久,但赵志道却义无反顾地投入,并一度与二人断交,后在杨规劝下方重修旧好。

　　杨杏佛性格上虽有缺点,但"道德甚高",孝敬父母,重气节,不阿谀奉承,

---

[1]　《杨杏佛1917年6月6日致赵志道函》,《啼痕——杨杏佛遗迹录》,第256页。

尤其他博学多才,诙谐善辩,所以他虽然待人处事经常会不惬人意,但还是有很多朋友非常乐于与他交往。

1917 年 5 月,刚刚大考结束,杨杏佛等哈佛留学生看到美国《星期六周报》上刊载了一篇论日本在中国之势力的文章,"描写日人之野心,读者发指",于是杨杏佛自愿将其翻译成中文,"由哈佛同学集资,刊为小册,播诸中国"。为尽此"不可不尽"之责,杨杏佛在暑假中穷一星期之力"日夜译报",译成 16 000 余字,他将尽此责视为"报国之一途"。

杨杏佛译成《日本在中国之势力》后,由同在哈佛修工商管理硕士的尹寰枢代为誊抄,并为之作序。不久印成小册子 5 000 本,8 月 3 日,杨杏佛给赵志道寄去一册,赵志道又寄回国内给赵凤昌看。为将小册子分寄国内各地,8 月11 日,刚从暑期务工处返回学校的杨杏佛,同尹寰枢等五六名留学生聚集在一起,为书写邮寄地址而大忙不已。

杨杏佛的爱国行为打动着赵志道,两颗年轻的心贴得更近。赵志道在给父亲赵凤昌的信中介绍两人时说"杨任二君诗词甚佳,而亦道德甚高",赞评杨杏佛和任鸿隽一样都怀有一颗拳拳报国之心。杨杏佛视"科学"的重要性仅次于爱人和双亲,并常以此来对赵志道表忠心:"吾心为君取共半,他一半为父母、科学取去。"

1918 年 3 月,赵志道在杨杏佛影响下加入中国科学社。身为编辑部部长,杨杏佛不仅要为《科学》约稿,而且自己还要隔三岔五地为《科学》翻译和撰写文章,并参与科学社社务。在他留美时期给赵志道的信中,出现频率最高的事情就是为科学社奔忙。

图 3-6　杨杏佛与赵志道结婚照

1918 年春,杨杏佛与赵志道秘密地结婚了,没有隆重的婚礼,没有家人的祝福,但他们却觉得很浪漫,很幸福。10 月,杨杏佛和怀孕的妻子,与好友任鸿隽一起回国。

纵观杨杏佛这一代官费留学生在美留学期间的经历,可以深切地体会到这群热血有为青年的朝气蓬勃。他们敢爱敢恨,积极主动地追求进步。他们带着满腔爱国热忱发起"文学革命",以除去中国传统文化中的陈旧和迂腐。他们将西方先进的科学思想引进中国,在中国宣传科学,提倡科学研究,让"德先生"和"赛先生"走进中国。

民初的这批官费留学生"科学救国"的道路充满曲折。与此同时,孙中山在革命道路上更是历经挫折,艰难前行。

四 实业救国

1912 年 2 月 13 日,孙中山辞去临时大总统职务,4 月 1 日正式解职。此后一年多,孙中山积极宣传民生主义,号召实行平均地权,提倡兴办实业,还亲自担任了全国铁路督办,规划出 10 万英里长的铁路,并力图筹借外资修筑铁路干线。但因政权落在袁世凯手中,其规划也远非当时国力所能负荷,孙中山的铁路梦想受挫。

同年 8 月,中国同盟会改组,成立中国国民党,孙中山被推举为理事长,实际会务则由宋教仁代理。1913 年 3 月,宋教仁被暗杀,革命党人认为是袁世凯所为,主张武力讨袁。

1913 年 7 月 12 日,江西都督李烈钧在湖口誓师讨袁,"二次革命"爆发。15 日,黄兴占据江苏都督府,在南京原孙中山临时大总统府宣布江苏独立,成立"讨袁军总司令部",并亲任总司令,一时间革命势力再次崛起。然而,仓促上阵的讨袁军,缺乏战略计划和统一指挥,缺乏战略协同,孤军奋战,甚至连多数国民党议员都还在北京留恋议席。9 月 1 日,"辫帅"张勋率军攻克南京。孙中山、黄兴、陈其美等被通缉,相继逃亡日本,"二次革命"宣告失败。

此后，张勋出任江苏都督，以孙中山在南京任职的临时大总统府为都督府，他准许部下三日内任意行动，在南京城内惹出不少麻烦，甚至包括"国际纠纷"，而遭到袁世凯罢免，后被冯国璋接任江苏都督。其后，李纯、齐燮元等军阀先后占据南京，在此粉墨登场。孙中山再次将革命重心聚焦到南方的广州。

1917 年 7 月，因以段祺瑞为首领的北洋军阀解散国会，废弃《临时约法》，孙中山联合西南军阀，在广州召开"非常国会"（护法国会），被推举为"陆海军大元帅"，建立军政府，进行护法斗争。但孙中山在军政府内备受军阀、政客的排挤。

1918 年 5 月，"非常国会"通过改组，以七总裁取代大元帅，孙中山在护法政府内实际上被架空。孙中山看透了西南军阀名为护法、实为争夺地盘的面目，认识到依靠军阀不可能达到护法救国的目的，南北军阀"如一丘之貉"，遂辞职离开广州，前往上海。

孙中山在上海"弃武从文"，着手完成已准备多年的《建国方略》，对以往的革命经验进行总结，提出了改造和建设中国的宏伟计划，系统地抒发自己建立资产阶级民主共和国的宏愿和构想。

《建国方略》主要由《孙文学说》《实业计划》《民权初步》三部分组成，后又特别收录了《建国大纲》《中国国民党第一次全国代表大会宣言》《总理遗嘱》这三篇非常重要的历史文献。

《孙文学说》从心理建设角度论述"知难行易"的哲学思想。《实业计划》是一份全面快速进行经济建设的宏伟纲领，提出了发展中国经济的远景规划，其中包括建设铁路 10 万多公里，建设华北、华中、华南三大世界级港口等项目；第一次把经济建设放到首位，第一次提出对外开放、引进外资的经济战略思想。《民权初步》是《建国方略》的社会建设部分，是一部关于民主政治建设的论著，叙述了政府的组织、运作和普通大众在社会生活中应把握的具体民主原则、程序和方法，反映了孙中山倡导的民主政治思想。

《建国方略》是孙中山最重要的著作之一，内容包括他设想的革命之后，启发与唤醒民众，开创未来社会建设新局面的几个重要方面：心理建设、实业计划和民权初步。三个部分共同构成了一幅完整的国家建设蓝图，是孙中山政治理念和建国思想的集大成之作。

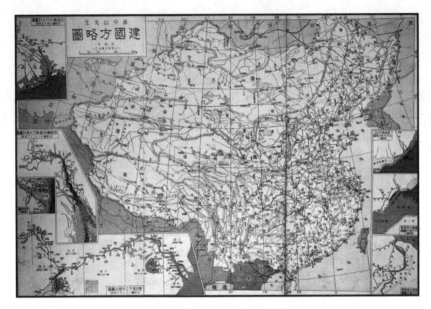

图3-7 孙中山的《建国方略图》

孙中山知道，实业救国需要人才去实施。他希望那些民国初年远赴海外留学的莘莘学子，能早日学成回国。虽然至今没有发现杨杏佛海外留学期间与孙中山的书信往来，但从政治观点、实际言行上看，两人是心灵相通、目标一致的。

作为革命领袖，孙中山在政治思想、顶层设计上高屋建瓴，是革命阵营中的理念标杆，是领航者。杨杏佛作为同盟会会员、孙中山的追随者，在孙中山思想的指导与影响下，努力地学习国外先进技术，期待着能够学以致用，为实现孙中山实业救国的计划贡献力量。

孙中山与杨杏佛在政治心灵上是相通的，两人在此阶段没有书信往来的主要原因很可能是，杨杏佛只是孙中山众多追随者的一员，而且级别不高。另外，书信不便、信息不畅也是两人没有密切联系的原因。

杨杏佛在宣传科学精神的同时，还注重将科学与实业、科学与救国联系起来,激发国人的爱国热情。他意识到榜样的力量,非常重视科学家传记的写作,写过《牛顿传》《詹天佑传》等。

杨杏佛一直认为:"在现今世界,假如没有科学,几乎无以立国。"①他与胡明复、赵元任、任鸿隽等留美同学发起成立中国第一个学术团体——中国科学社,满怀热情地传播着科学的火种。

五　学成归国

1918 年 10 月,杨杏佛与赵志道等人乘船离美回国。在他们前后,杨杏佛在美留学的"朋友圈"中人相继归国,这批人均成为中国著名的人文学者、科技精英、政界名流。

杨杏佛在回国途中的日记里写道:"昨夜舟中不能成睡,既恨学不如人,须苦奋读书;又觉前途事业担子极重,小有失足贻误终生,益不能自静。继念万事皆在人为,若能自持,外界何能损益。然在黑暗社会,自持亦大不易。必心地时时明白乃不为物污。"②

26 日晚,轮船抵达上海,因交通不便,杨杏佛夫妇只好在船上过夜。次日,杨杏佛送赵志道回到娘家。赵凤昌看到多年不见、挺着大肚子的宝贝女儿,既高兴又关爱。

赵凤昌的住所惜阴堂,在清末民初极其重要。1911 年 10 月 10 日辛亥革命爆发,12 月 25 日,孙中山从海外回到上海后的第二天,就到惜阴堂拜会赵凤昌,此后又多次去那里商量统一建国事宜。孙中山在南京担任临时大总统期间,袁世凯代表唐绍仪与孙中山代表伍廷芳在惜阴堂定下了清廷退位后,袁世凯担任大总统的密约。

想到孙中山曾在此会谈,杨杏佛怀着敬仰之情来到惜阴堂。但他从进赵

---

① 任鸿隽著,樊洪业、张久春选编:《科学救国之梦——任鸿隽文存》,上海:上海科技出版社、上海科技教育出版社,2002 年,第 722 页。

② 《啼痕——杨杏佛遗迹录》,第 147 页。

家开始就感到有些不自在,有种压迫感。德高望重的赵凤昌对站在女儿一旁的杨杏佛客套地问了些话,对杨杏佛的问候,赵凤昌也只是礼貌地回应着,表情流露出轻淡。杨杏佛感到了门第的悬殊,他决心一定要发扬孙中山的"奋斗"精神,为国为民做出一番事业。于是,他留下妻子,借口有要事办理,就离开了,想尽快找个好工作,干出一番事业。

杨杏佛满腔热情,活动频繁。到上海不久,就与任鸿隽、周仁等人四处奔走,参观学校,继续编辑《科学》稿件,积极筹办工厂,但因资金无着未能如愿。

10月30日,杨杏佛经好友介绍到美国银行面试,因十分看不惯中国人在洋人面前鞠躬献媚、点头哈腰的样子,还未等面试,便拂袖而去了。

10月31日,杨杏佛与任鸿隽一同参加黄兴逝世二周年纪念活动。11月1日,二人又一起拜访章太炎,请他为中国科学社筹集资金发起募捐启事。

11月2日,杨杏佛赴汉冶萍公司,没能遇到来访的孙科。杨杏佛与任鸿隽、胡明复等人恰巧同赴中国环球学生会,并作关于"个人效率主义"的科学演讲。杨杏佛虽然活动很多,但一直都想拜访孙中山,特别是在孙科来访未遇后。

孙中山在广州辞去大元帅之职后,与夫人宋庆龄居住在上海莫利爱路29号(现香山路7号)。这是一幢西方近代独院式的花园住宅,由4名旅居加拿大的华人购入后赠予孙中山。在这里,孙中山潜心研究革命理论,先后完成了《孙文学说》《实业计划》等重要著作。

11月5日下午,杨杏佛拜访张继,纵谈中国人心消极,应用乐观主义来改进。辞别张继后,又专程拜访孙中山,但没能遇见。

11月17日,杨杏佛与赵志道在上海著名的一品香旅馆按中国传统习俗补办了正式婚礼,岳父赵凤昌亲自主持,到场庆贺嘉宾70多人,彩灯高挂,宾客如云。主婚人是双方父母,介绍人证婚人是胡敦复。

为使婚礼办得像模像样,杨杏佛在婚礼前特向老师王云五以办公司认股名议借了200元现金,向友人陈蔚青借来结婚礼服。① 婚礼结束后,杨杏佛和赵志道就住进东亚旅社,直到后来赴武汉工作。

岳父赵凤昌虽然对这个小女儿自己找的女婿并不满意,所谓"门不当、户不对",但看着即将生育的宝贝女儿,觉得既然事已至此,不必责难。他对杨杏佛倒还算理解,劝他到中国企业——汉冶萍公司下属的汉阳铁厂去工作。

好强倔强的杨杏佛起先还有些犹豫,觉得离家远不便于照顾父母。但自筹建厂没有任何进展,考虑再三后,因为不愿意在外资企业里对洋人低头哈腰,决定还是到中国企业工作。

不久,杨杏佛应汉冶萍公司聘请到汉阳铁厂会计处任成本科科长,月薪150元,这在当时算是不错的收入。杨杏佛携妻坐船到了武汉。

汉冶萍公司是中国最早的钢铁联合企业,1908年,由盛宣怀奏请清政府批准合并汉阳铁厂、大冶铁矿、萍乡煤矿而成立,同时,由官督商办转为完全商办。到辛亥革命前夕,该公司员工7 000多人,年产钢近7万吨、铁矿50万吨、煤60万吨,占清政府全年钢产量90％以上。

图3-8　1890年,湖广总督张之洞主持在湖北龟山下动工兴建了汉阳铁
　　　　厂,是当时中国第一家,也是最大的钢铁联合企业。图为1906
　　　　年的汉阳铁厂

---

① 《啼痕——杨杏佛遗迹录》,第159页。

由于汉冶萍公司是清政府唯一的新式钢铁联合企业,控制该公司实际上等于控制了清政府的重工业,盛宣怀接办汉冶萍公司后多次向日商借款。到1911年,该公司总计用银3 200万两,除1 000万两本金外,其余2 200万两都是贷款,日商占大多数,因无力偿还,日商的借款后来都变成了投资。

日本商人与汉冶萍公司签订的借款合同,有很苛刻的条件:借款以厂矿财产和铁砂为担保,期限为30年;铁砂除汉阳铁厂自用外,应尽先售于日本人;铁砂售价由双方议定,不受国际市场影响;日本八幡制铁所可以预购。日本商人从1908年到1915年每年从大冶铁矿运走铁砂6万～7万吨。从1911年起,汉冶萍公司实际上已被日商控制。

1915年,日本帝国主义提出了旨在灭亡中国的"二十一条",其中专门提出由中日合办汉冶萍公司。由于汉冶萍公司与日商联系密切,尽管中国人民强烈抵制、抗议"二十一条",但是该公司被日本商人控制的实际局面并未改变。北洋军阀统治时期,该公司又向日商借债17次,借款总额约3 700万日元和262万两白银,受日商控制更严。杨杏佛在汉阳铁厂,看不惯厂方压榨工人而气愤。

图3-9　1920年4月,杨杏佛题赠岳父岳母的杨小佛周岁照

1918年12月20日,杨杏佛长子杨小佛在汉口出生。他们欣喜若狂,为儿子取名"阿旅",意在旅途中出生,后儿子上学时取名小佛,取佛祖足畔小佛之意。[①] 杨杏佛一人的收入已足够养家,赵志道则在家精心哺育孩子。一家三口,其乐融融。杨杏佛迫于家庭生活压力,勉强维持着工作。但是不久听到传闻,厂方对

----

① 杨小佛口述,朱玖琳撰稿:《杨小佛口述历史》,第37页。

自己不满意,有意另请人主持会计,并得知有人正暗中加紧这一工作。①

　　杨杏佛感到在中国做事太难,特别是在上级猜忌之下,不以事情论成败,而只注重个人利益和权威,这样维持下的相安无事,只能是消磨雄心。杨杏佛觉得这与前清官场论资排辈如出一辙,辞职的念头更加强烈。

　　1919年4月18日,任鸿隽由四川到汉阳看望杨杏佛,挚友相见,分外高兴,杨杏佛写诗一首"联翼游美亚,归道忽东西。君作游天龙,吾为笼内鸡。值此千里逢,难同一日栖。友情空复热,心远暮云低"②,反映出在汉阳的不得志。

　　5月4日,五四运动爆发,杨杏佛对国内形势有了更加清醒的认识,他的人生轨迹。也顺着时事的车道继续铺展。

---

① 《啼痕——杨杏佛遗迹录》,第181页。
② 《啼痕——杨杏佛遗迹录》,第182页。

第四章
追随孙中山　任职大帅府

学成回国后,杨杏佛先后担任汉阳铁厂会计处成本科科长、南京高等师范学校教授、东南大学工科教授兼校办工场主任。他与陈去病等人在东南大学从事革命活动的举动受到东大校长郭秉文的敌视,工科被取消。杨杏佛救国的梦想却未因此而终止,他追随孙中山北上和谈,直到孙中山在北京病逝。

一　五四风云

在杨杏佛回国期间,国内时局波澜壮阔。1918 年第一次世界大战结束,德国战败,中国作为战胜国之一,于 11 月举行了"公理战胜强权"庆典,但在短短欢庆之后,谈判桌上的失败,充分诠释了所谓的"公理战胜强权"不过是一个美丽的童话,再次验证了自古弱国无外交的定律。

1919 年 1 月 18 日,战胜国在巴黎召开"和平会议"。北洋政府和广州军政府联合组成中国代表团,以战胜国身份参加和会,提出取消列强在华的各项特权,取消日本帝国主义与袁世凯政府订立的"民四条约"等不平等条约,归还大战期间日本从德国手中夺去的在山东各项权利等要求。

巴黎和会在帝国主义列强操纵下,不但拒绝中国的要求,而且在对德和约上,明文规定把德国在山东的特权,全部转让给日本,北洋政府竟准备在对德和约上签字,这激起了中国人民的强烈反对。面对这样的屈辱,5 月 4 日,北京数千学生涌上街头,高呼"外争国权、内惩国贼"等口号,由此掀起了有工人阶级、小资产阶级、民族资产阶级和其他爱国人士广泛参加的全国性群众斗争。五四运动是中国人民前赴后继反帝爱国斗争的延续和发展。在这场斗争中,中国工人阶级第一次以声势浩大的政治大罢工显示出崭新的战斗姿态。五四运动鲜明地贯穿着彻底的、不妥协的、反帝反封建的爱国主题。

许多国民党人也参加或支持五四运动,他们也第一次听到了科学、民主和马克思主义。杨杏佛受五四运动影响,接受了民主主义思想。他看到北京政府大肆逮捕学生,极为愤慨,曾建议武汉欧美同学会声援北京学生的爱国运动。

但同学会中多数人不关心此事,只同意北大确实要被解散时才发出援电。杨杏佛的建议未被采纳,很是失望。民族压迫和阶级斗争的严峻现实,使杨杏佛的思想不断受到新的冲击,他对于实业能否救国产生了疑问。

杨杏佛想起孙中山的"铁路救国"计划。孙中山卸任临时大总统后到北京与袁世凯会面时提出要在 10 年之内修筑铁路 20 万里的规划,并请袁于同期内训练出精兵百万。曾经的铁路督办袁世凯说"办路事君自有把握;若练精兵百万,恐非易之耳。"①随后,袁世凯授予孙中山"筹划全国铁路全权",出任中国铁路公司总经理,年薪 3 万大洋。

于是,心怀"实业救国""铁路救国"梦想的孙中山乘坐着当年为慈禧太后特制的豪华花车,开始了"巡视中国铁路路政"的千里奔波,大江南北,所到之处,地方官员按大总统要求皆"盛情款待"。老谋深算的袁世凯对孙中山的支持只是表面,主要目的是暂且稳住孙,以免"聚众串联,滋事生乱"。

孙中山专门来到八达岭张家口考察詹天佑设计修建的京张铁路,并邀请詹天佑任自己的技术助手,踌躇满志。可是没过多久,袁世凯稳定政局后,便将孙中山解职,并下令全国通缉。其公开理由是对中国铁路总公司查账,发现账目不清,未建一寸铁路而耗费上百万资金,认定孙中山贪赃枉法。有人就此评说:袁世凯明知其不可为而故意"设阱以陷之","中山因无行政经验,乃有此失"。② 孙中山的"铁路救国"梦从此破灭。

---

①　吴相湘编撰:《孙逸仙先生传》(下册),台北:远东图书公司,1982 年,第 1062 页。
②　唐德刚:《袁氏当国》,桂林:广西师范大学出版社,2015 年,第 100 页。

图 4 - 1　1912 年 5 月 17 日,孙中山与詹天佑(前排右一)等合影

　　杨杏佛对"实业救国"悲观之时,又传来詹天佑去世的消息。詹天佑,1861年生于广东省广州府南海县,祖籍徽州婺源。1872 年,爱国思想家容闳条陈清政府,选派幼童留洋以求引进西学,革新社会。同年,12 岁的詹天佑与蔡绍基、梁敦彦等首批幼童 30 人赴美学习。1878 年詹天佑考入耶鲁大学土木工程系,主修铁路工程。1881 年,以优等生毕业后即回到国内,报效祖国。1905至 1909 年,主持修建中国自主设计并建造的第一条铁路——京张铁路;创设"竖井开凿法"和"人"字形线路,震惊中外。后在筹划修建沪嘉、洛潼、津芦、锦州、萍醴、新易、潮汕、粤汉等铁路中,成绩斐然。有"中国铁路之父""中国近代工程之父"的美誉。

　　1912 年 5 月,孙中山在广东视察粤汉铁路时,詹天佑以粤路公司经理身份迎接并陪同,这是两位对"铁路救国"充满梦想的实干家第一次会面。詹天佑按照孙中山"振兴实业之首务"的指示,为进一步加快商办粤汉铁路的修建,随即成立湖北、湖南两省粤汉铁路总公所,于 7 月由广州赴武汉任会办,并举家搬至汉口。

　　孙中山对詹天佑充分肯定,并拟请詹天佑筹划全国铁路。詹天佑自力更生、发愤图强、不怕困难、艰苦奋斗的精神,激励着广大青年,其中就有杨杏佛。杨杏佛拜访詹天佑,并由詹介绍加入中华工程师学会。

詹天佑积劳成疾,于 1919 年 4 月 24 日去世,5 月 15 日,杨杏佛出席詹天佑葬礼。悲伤之余,杨杏佛作《詹天佑传》,在文章的末尾,杨杏佛写道:"综氏一生未尝离工程事业。其为官前清不过邮传部候补丞参,民国不过交通部技监,无赫赫之位,炙手之势,及其逝也,举国识与不识咸兴人亡国瘁之悲。呜呼! 其感人抑何深耶! 夫以氏之学识经验,使充其能,所成就者又岂仅京张数百里之路已哉。乃频年干戈,政争不已,卒至赍志以殁,不能如史第芬森、瓦特辈目睹所业跻国富强,此岂个人之不幸哉,吾为中国惜也。"[①]在这样的感叹声中,杨杏佛当然能意识到:国家富强,需要科学。但仅有科学还是不够的,还需要政治、民主、实业、教育,更需要民众的觉醒……

8 月,孙中山开始发表大气磅礴的《实业计划》,计划中最出色的就是铁路规划,在孙中山多年研究铁路总结中,也融入了詹天佑等许多实业家的心血和经验。而此时的杨杏佛,却沉浸在为"实业救国"而彷徨中。

夏天的武汉,炎热难耐,更令杨杏佛难以接受的是汉阳铁厂里的工作氛围。杨杏佛虽然工资高,但还是辞去这份令人羡慕的工作,来到了南京,在南京高等师范学校任商科主任、教授,开始了五年的教学生涯。

杨杏佛在汉阳铁厂干了不到一年就辞职,在经历工作波折的同时,他与赵志道在情感上也经历着风波。

二　家庭冲突

在陶行知等朋友们的帮助下,杨杏佛到南京高等师范学校任教。这是杨杏佛第二次到南京,携妻带子举家住在石板桥 2 号。虽然没有自来水、电灯、

---

① 杨铨:《詹天佑传》,《杨杏佛文存》(民国丛书第三编 84),上海:上海书店影印平凡书局 1929 年版,第 185 页。

煤气,但房子倒很宽敞,还有前后花园,儿子阿旅可在花园中玩耍,捕捉各种昆虫。租金也便宜,月租金仅几元钱。以杨杏佛月薪200元的教授收入,日子过得还算宽裕。

1919年、1921年,杨杏佛的两个女儿相继出生,加上可爱懂事的长子,生活充满家庭的温馨。孝顺的杨杏佛还在父亲去世后将母亲接到家里,同时,还将六妹接来帮助赵志道照顾孩子,料理家务。

全家七口人靠杨杏佛一人工作支撑,生活日益艰难,加上自古难以处理的婆媳关系,使得心脏不好的赵志道经常以养病为由,带着小孩回上海娘家居住,时间越来越长。

可是,杨杏佛没有顾及妻子的感受。赵志道从小娇生惯养,性格直率,脾气急躁,心直口快,又不善持家,哪里听得进婆婆和小姑的意见。

图4-2 1919年10月5日杨杏佛
与妻儿在南京合影

于是,婆媳、姑嫂间不断发生争吵,杨杏佛两面劝架,两面受气。

有几次,杨母心疼儿子,也为了避免矛盾,便离家出走,到尼姑庵修行。杨杏佛知道后,便与妻子大吵一场,认为是她逼走了母亲,并立刻将母亲接回来。赵志道则一气之下,又带着儿子回到上海居住。

杨杏佛只得在周末乘火车赶到上海,陪他们母子俩住几天,待好话说尽,赵志道气消之后,再把他们母子接回南京。杨杏佛为赵志道的一帧照片题写了"女拿破仑像",很能反映出他心中的无奈。

这样的生活,费心,也费钱。虽说杨杏佛月薪200元,但经不起赵志道经常带着孩子往上海跑,两头开销,花费成倍增加,孩子又常生病,看病又要花钱,再加上学校里常常薪水发放不足,时常还搞捐薪建楼等摊派活动,弄得杨杏佛常常捉襟见肘，入不敷出。

因此，夫妇俩也常为了钱不够用而吵架。有时，他俩的同学、朋友也劝赵志道出去工作，不妨当个中学教师，这样既可与婆婆、小姑少些矛盾，同时也可以挣点薪水贴补家用。可是，赵志道始终以自己个性太强，脾气不好，难与别人相处为由，拒绝出去工作。

这样吵闹的生活情况，也逐渐传到学校的一些师生中间。有一个常到杨杏佛家来请教的学生，竟以杨教授家的矛盾为主要内容，创作了一部题为《灰色眼镜》的小说，很快在校园中传播开来，令杨杏佛很是尴尬。

图 4 - 3　1920 年初，杨杏佛与妻儿在南京合影

图 4 - 4　1921 年 11 月，杨杏佛与赵志道在上海

假如杨杏佛夫妇的矛盾仅仅是婆媳、姑嫂之间的摩擦或是经济的拮据而引发，还不至于走到婚姻尽头。要命的是，赵志道多年在家，较少接触社会，视野日渐狭窄。

高等师范学校经济效益不如汉阳铁厂，经常延迟发工资。被拖欠薪水的杨杏佛，经常熬夜，积劳成疾，患上肺病而咯血，在繁劳中病情加重，甚至产生过轻生的念头。而远在上海的赵志道却经常疑神疑鬼。

因为猜疑，赵志道常与杨杏佛争吵，不愿意回南京。而心高气傲的杨杏佛则因为岳父的小视而不愿登门到上海。为让妻儿早日回南京,绞尽脑汁,软硬兼施,却几乎没什么效果。富家小姐耍起性子来,真是难搞定。更不幸的是,他们的两个女儿先后夭折。

由于长期分居,有时半年多才见上一面,杨杏佛与赵志道之间的感情出现了危机,两人互相猜忌。杨杏佛连 30 岁生日也未能盼得妻儿团聚,他陷入极度痛苦之中。[①]

好在有不少好朋友,使得杨杏佛在苦闷的生活中找到了些许乐趣。杨杏佛与唐辟黄、任鸿隽、赵元任、朱经农、胡明复、茅以升、张奚若等人交往甚密,对高尔松、高尔柏、刁培然、曹立瀛等学生也很满意。杨杏佛交际甚广,为了科学社及科学社同仁的事情,心甘情愿地忙碌奔波。

杨杏佛的交友之道是:吾爱吾友,吾尤爱真理。他不会因友谊而放弃自己观点,附和别人,他也不会因为与别人的观点不同而影响友谊。胡适对于杨杏佛来说,可谓是多年的师友,两人感情很深,但在英国退回庚子赔款的问题上,杨杏佛公开指责胡适听任洋人摆布,不争国权,言辞激烈。

图 4 - 5   1922 年,杨杏佛与赵志道在上海合影

杨杏佛与恽代英等中共人士有一定接触,并产生好感。而此时的孙中山也在酝酿与苏俄及中共合作。

---

① 《啼痕——杨杏佛遗迹录》,第 280 页。

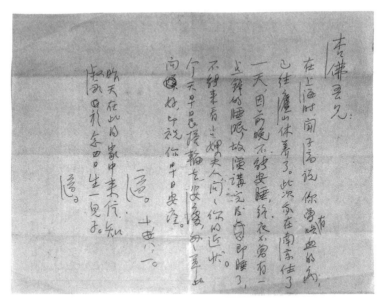

图 4 - 6　1921 年 8 月 1 日，胡适致杨杏佛的函

三　教学生涯

　　杨杏佛通过亲身考察，看到中国的实业大半在外国人掌握之下，而民族企业不但数量很少，经营也很困难。他觉得要改变这种局面，首先在于大力造就本国人才，于是，便将自己活动的重点从实业逐渐转移到教育方面。

　　1920 年夏，杨杏佛应聘担任南京高等师范学校工科教授，主要讲授工业管理课程。在教学中，他没有变成一个单纯鼓吹教育救国的教育家，而是做一个既热爱教育事业又热情宣传爱国主义和民主思想的政治鼓动家。在课堂上，杨杏佛经常向学生宣扬孙中山革命奋斗精神，如"以四百兆苍生之众，数万里土地之饶，因可发奋为雄，无敌于天下""惟愿诸君将振兴中国之责任，置之于自身之肩上"，激励学生奋发图强，敢于担当，勇敢肩负起历史赋予的重担，寻求救国救民的真理。正是在这个时期，杨杏佛的政治观点有了显著的转变和进步。

在 1920 年创办的《南京高等师范学校日刊》及 1922 年出版的《国立东南大学南京高师日刊》上,杨杏佛先后发表《马克思生平》《马克思主义与阶级斗争》《马克思的剩余价值》等演说和文章,成为南高教授中宣传马克思主义学说最积极的一位。

1920 年 12 月,杨杏佛在中国科学社举办的科学演讲会上发表《科学与社会主义》的演讲。中旬,又在南京学生联合会举办的演讲会上作《教育与劳动问题》的演讲,说:"当劳动者自身向资本家攻击的时候,劳动者的问题便解决了一半。劳动者向资本家攻击的武器之一是教育。马克思把资本家剥削的一切秘密揭露无遗。马克思使全欧洲的资本家寝食不安,在于宣传教育。"[1]这个演说不仅揭示马克思主义的伟大作用与力量,也说明了宣传马克思主义的重要性。

图 4 - 7　1920 年 8 月,杨杏佛(三排右二)与在南京参加中国科学社第五次年会的代表合影

---

① 朱斐主编:《东南大学史(1902—1949)》(第 1 卷),南京:东南大学出版社,2012 年,第 65 页。

1921 年 10 月,东南大学正式成立,并与暨南大学在上海合办了我国第一所商科大学,杨杏佛同时受聘任东南大学文理科经济学教授,后改聘为工科教授兼校办工场主任。由于常在课堂演讲劳动问题和社会改造思想,他受到学生们欢迎,却引起校方强烈不满。

尽管杨杏佛对科学社会主义和中国共产党一大宣言存有怀疑,但他对资本主义是持否定态度的。他认为资本主义制度是以供求原理来定报酬的高低,将人与商品同样看待,就必然形成报酬的不公与分配不均,从而成为扰乱社会的源头。

当时有人认为苏俄独裁专制,但杨杏佛认为苏共所主张的是一种平民政治。关于劳工对资本家实行专政,杨杏佛不但不反对,而且表示赞成,这在当时的思想论战中实属新潮,受到进步青年和左派人士的拥护。

杨杏佛在东南大学任教时,教员中分新旧两派,新派以杨杏佛为首,经常批评校务,议论国事,积极鼓吹社会改革。杨杏佛在这期间发表的《社会自救与中国政治之前途》《思想界与中国今日之祸乱》《代议制与中国之乱源》《中国近三十年之社会改造思想》《从社会方面观察中国政治之前途》《实业改造》《教育革命与中国学术及政治前途》《五十年来中国之工业》等文章中,批判了当时在中国前途问题上流行的两种论调:主张依赖外国对中国实行“国际共管”,宣扬中国民族“必能同化西人”以保持独立。他开始认识到只发展实业,或者只靠发展教育,都是不能救国的。他指出,教育救国的主张实际上只是一种空想,不可能达到救国的目的。

杨杏佛认为,必须进行政治上的改革,而政治改革又必须同社会改革相结合,以士农工商为依靠力量。他提出科学和革命相结合,主张“科学家用革命的精神,革命家用科学的知识,共同去改造社会”。他说:“爱因斯坦的科学就是革命”,“马克思的革命就是科学”,“要救中国,只有一个方法就是用科学的知识,革命的精神,精细的研究来计划一个理想的中国,这个理想的中国要适合中国现在及将来之情形,要适合世界的潮流"①。

杨杏佛在东南大学教书期间开始与早期的中国共产党人恽代英、侯绍裘及宛希俨等秘密接触。他还利用业余时间到中共创办的上海大学讲授劳动问题的课程。

1922年5月,南京社会主义青年团到东南大学召开第一次代表大会,会后在玄武湖举行了一场纪念马克思诞辰的活动,并决定成立马克思主义研究会,邀请杨杏佛作专题演讲,杨杏佛并非马克思主义者,但对马克思政治经济学和有关社会改造的理论学说是赞同的,对马克思主义在东南大学的传播起到了积极作用。

杨杏佛思想活跃,在教学方面坚持革新,坚持进步,受到学生们欢迎,却深为东南大学校长郭秉文为首的守旧派所忌恨。1924年,他们通过校董会宣布取消杨杏佛担任主任的工科,以迫使杨杏佛辞职。杨杏佛识破了他们的阴谋,但与守旧派的矛盾愈发激烈,最终离任教职。

1923年元旦,孙中山在上海发表的《中国国民党宣言》指出:"今日革命则立于民众的地位,而为之向导,所关切者民众之利害……"②崇拜孙中山的杨杏佛,更加感觉到研究"民众利害"问题的重要性。他在继续研究"劳动问题"的同时,又开始研究和宣传社会改造问题。

杨杏佛开始关注政治,认为"实业救国"与"教育救国"已行不通了,高呼"政客军阀不死,大盗不止"。杨杏佛对于学校的刁难,毫不畏惧,不但不肯低头,反而更加激烈地对抗,在教学工作之外,还积极参加社会活动。

1923年5月,柳亚子与叶楚伧、邵力子、陈望道等8人发起组织新南社。因国内政局动荡,政治风云变幻,旧南社少数社员丢弃了南社一贯崇尚的气节,参与曹锟贿选,旧南社丧钟就此敲响。

汪精卫受孙中山派遣驻沪,为"办理和平统一代表"。汪也热心于科学社

---

① 杨铨:《科学与革命》,《杨杏佛文存》(民国丛书第三编84),第73页。

② 孙中山:《中国国民党宣言》(一九二三年一月一日),《孙中山全集》(第七卷),北京:中华书局,1985年,第2页。

事务,力邀杨杏佛"于星期二为科学社请客募捐"。科学社于8月份在杭州举行第八次年会,汪精卫接受邀请,准备莅临演讲。孙中山通过汪精卫得知科学社办得有声有色,对杨杏佛很是欣赏。

10月14日,新南社在上海召开成立大会,选举柳亚子为社长,邵力子、陈望道、胡朴安为编辑主任。柳亚子宣布:"新南社的精神,是鼓吹三民主义,提倡民众文学,而归结到社会主义的实行,对于妇女问题、劳动问题,更情愿加以忠实的研究。"①

杨杏佛虽是新南社社员,但因故没能参加成立大会。作为新南社的社员,杨杏佛在新南社时期的主要活动是为他和柳亚子共同的故人雷铁崖编文集。

雷铁崖生前是南社最知名的川籍社员,不仅是杨杏佛加入同盟会的介绍人,与杨关系甚好,而且也与柳亚子相识,并于1910年由柳介绍加入南社。雷、杨二人惺惺相惜,书信往来,交往颇深。杨杏佛颇觉二人有趣,遂致信柳亚子戏称二人是"一对痴",并作趣诗相乐。后来北洋军阀当道,雷铁崖因不满于时势而精神异常。

杨杏佛初回国时曾在上海面见已发病的雷铁崖,甚为心痛。不久,雷铁崖回四川

图4-8　1922年1月,杨杏佛在杭州留影

故里养病,不幸于1920年5月在四川病逝,享年48岁。柳亚子、杨杏佛都是重情重义之人,新南社成立后,两人便着手为他出版文集。

1924年4月10日,杨杏佛致函柳亚子询问出版情况,并表示愿意出钱赞助。不久,杨杏佛又与朱经农一起承担了印刷经费的募集工作。5月5日,新

---

①　柳亚子:《我和南社的关系》,《南社纪略》,上海:上海人民出版社,1983年,第100页。

南社在上海举办聚餐会。杨杏佛因为刚刚由沪返宁,不便立即回沪而没有参加。

在此期间,杨杏佛得知孙中山已在广东重建陆海军大元帅大本营,建立了革命政权,他特别关注孙中山的革命活动。

四　南下广州

孙中山格外关注世界局势的变化,1917 年 10 月,俄国十月革命胜利,次年夏,他致电列宁和苏维埃政府,祝贺俄国革命的伟大胜利。孙中山以"世界潮流,浩浩荡荡,顺之则昌,逆之则亡"为座右铭,强调要"内审中国之情势,外察世界之潮流,兼收众长,益以新创"。

1919 年五四运动后,孙中山受到极大鼓舞,他高度评价和支持学生运动。8 月,孙中山委派胡汉民、朱执信、廖仲恺等人在上海创办《建设》杂志,大力宣传民主革命理论。10 月,宣布中华革命党改组为中国国民党。

1920 年 8 月,孙中山指示驻闽的粤军回师广东,驱逐了桂系军阀。11 月,孙中山回到广州,重举护法旗帜,并开始与苏俄人士接触。孙中山注重学习世界上的先进知识和有益思想成果,并希望结合中国的实际改造中国。

1921 年 5 月,孙中山在广州就任非常国会推举的非常大总统,接着出师广西,消灭了桂系军阀陆荣廷势力,准备以两广为根据地北伐。12 月,孙中山在桂林会见共产国际代表马林,讨论建立革命党和革命武装问题。

1922 年 4 月,孙中山又在广州与苏俄(苏联)的全权代表越飞会见,从幻想向帝国主义国家寻求援助转而希望联俄。6 月,因政见不合与陈炯明决裂,被迫离开广州,看到短期无望收复后,经香港再赴上海。

孙中山十分关注俄国十月革命的进展和马克思主义在世界范围的传播,敏锐地认识到五四运动和中国共产党成立对中国革命的重要影响,接受了苏俄和中国共产党的帮助,把旧三民主义发展为新三民主义,实行联俄、联共、扶助农工的三大政策,赋予三民主义以新的内涵。

图4-9 1921年双十节,孙中山与文武官员们在广州合影

1923年1月,孙中山与苏联代表越飞发表《孙文越飞宣言》,奠定了联俄政策的基础,随即派廖仲恺赴日与越飞谈判。同时,表示服从孙中山的滇、桂军队将陈炯明逐出广州。

2月,孙中山从上海回到广州重建陆海军大元帅大本营,以大元帅名义统率各军,综理政务。三大政策是孙中山的重要政治主张,是他倡导的民族民主革命从屡受挫折转向成功,进而取得显著成就的正确道路。与此同时,孙中山逐步加紧改组中国国民党的准备工作。

8月,孙中山派出以蒋介石为首的孙逸仙博士代表团到苏联考察政治、党务和军事。10月,聘请苏联派来的鲍罗廷为顾问。接着,委任廖仲恺、谭平山等组成新的中国国民党临时中央执行委员会,负责筹备国民党的改组工作。

1924年1月,在广州召开了中国国民党第一次全国代表大会,通过党纲、党章,重新解释了三民主义,同时创办黄埔学校,训练革命武装干部。广东的革命形势蒸蒸日上。

孙中山主持中国国民党改组，实现了第一次国共合作，李大钊等共产党员以个人身份加入中国国民党。杨杏佛与陈去病等人在东南大学成立国共合作的地下组织，从事革命活动。此举受到东南大学校长郭秉文的敌视。1924 年夏，郭秉文以财政困难为由，不征求工科主任茅以升的意见就突然停办工科，并在开学之前以杨杏佛宣传"社会改造思想"为理由，不发聘书，迫使杨杏佛离校。杨杏佛决意离开军阀势力占主导的南京和保守人士当道的东南大学，再次追随孙中山。

图 4‑10 1924 年，孙中山、宋庆龄在广州

五 随行北上

1924 年 9 月 3 日，江浙军阀混战爆发，孙中山认为中国革命已进入了一个"彻底打倒北洋军阀"的新阶段。5 日，孙中山发表讨伐曹锟、吴佩孚宣言。12 日，孙中山亲自率领先头部队自广州进发到韶关，开始北伐。

杨杏佛得知北伐的消息后兴奋不已，自回国以来，杨杏佛目睹了反动学阀勾结军阀、官僚，为非作歹，反动教授用多种手段腐化青年。只有推翻军阀统治，打破奴隶式的教育，中国才有希望。杨杏佛决意抛弃苟且于乱世之中的教书生涯，重新投入到十年前浩浩荡荡的革命生活之中。

10 月初，杨杏佛作为一名真正有着科学精神的革命者，再次投奔孙中山，投身于轰轰烈烈的民主革命斗争洪流。

杨杏佛思绪万千，他开始主张改造社会，但他为改造社会所开的处方仍是在"社会与个人、精神与物质这成双的两个方面,给予适当的调剂",主张"供给劳动者以物质,助富贵阶级以精神"。他规劝社会人士要发扬中国人"以牛耕田,为人创造食物而戒食牛肉"的精神,从"饮水思源"和"食德报功"的角度,对大多数生产者的痛苦给予同情,使中国的劳动问题得到合理解决,但冷酷的现实令他认识到社会改造之艰难。

图4-11　1924年春,杨杏佛与泰戈尔、吴稚晖、徐志摩等人合影

1924年10月18日,冯玉祥发动"北京政变",软禁了总统曹锟,电邀孙中山北上主持大局。11月1日,冯玉祥、段祺瑞、张作霖再次发电报邀请孙中山到北京共商国是。

孙中山早年即从事革命事业,长期居无定所,流离海外,身体严重透支。接到电报时,孙中山虽然身体已有所不适,但是为了革命事业,从国家大局考虑,还是决定接受邀请到北京。

11月10日,孙中山发表《北上宣言》,表示将离开广州赴北京商议国是。这是孙中山的第三次北上。前两次分别是1894年6月北上天津向清朝直隶总督兼北洋通商大臣李鸿章献"救国大计",却未被采纳,以及1912年8月北上北京与临时大总统袁世凯商谈国是,但两次效果均不理想。

这次北上有两个目的,一是希望与北方当局合作谋求和平统一国家,二是唤起国民的觉悟。孙中山一生致力于推翻帝制、建立共和,但经过千难万险取得辛亥革命胜利后,为了国家的和平统一,孙中山作出了巨大让步和牺牲,中国仍然陷于复辟帝制、军阀割据、内战不断的境地。

孙中山痛定思痛,在苏俄(苏联)和中国共产党的帮助下,确立联俄、联共、扶助农工的三大政策,并对国民党进行了改组,到1924年底在南方广东一带形成了良好的国民革命形势。这使他充分认识了共产党,特别是共产党的组织宣传能力。

与此同时,中国北方政权正如中国共产党预料的那样是一个军阀代替另一个军阀,孙中山打倒军阀、和平统一中国的革命理想,没有成功的现实基础。孙中山也知道事实的严峻,但知难而上,敢于担当,哪怕只有一丝希望,也要不懈地争取!

启程前,孙中山对广东的一些重要事宜做了部署。为了给革命和建设打好基础,孙中山计划设立中央学术院为全国最高学术研究机关,并委托汪精卫、杨杏佛、黄昌毅三人起草设立计划。这正是杨杏佛所追求的事业,他认为在革命政府中推进科学事业,需要两者的结合:一方面,用革命手段推翻反动军阀统治,净化社会风气,为科学事业发展提供良好环境;另一方面,科学事业的发展进步可以发展实业,巩固革命政府。

13日,孙中山带着宋庆龄乘永丰舰从广东出发,途经香港,于17日抵达上海。杨杏佛作为秘书之一奉命随同北上,随孙中山、宋庆龄至上海。孙中山在上海发表演说宣称:第一点要打破军阀,第二点就要打破援助军阀的帝国主义;打破了这两个东西,中国才可以和平统一,才可以长治久安。

孙中山抱着病体,发出了"和平统一"的呼唤。杨杏佛等人被孙中山顽强的革命意志、不懈的革命精神深深感动。孙中山在上海停留了4天,21日离开上海,没有直接北上赴京,而是绕道日本。而杨杏佛则由上海直航津京,于12月13日抵天津,与孙中山的随员一起寓天津日租界明石街熙来大饭店,为

图 4‑12　孙中山在上海的住居莫利爱路 29 号(现香山路 7 号)

迎接孙中山入京做准备,因没有任何职务,"不欲无功受禄",所以他在天津时,"一切费用皆自出"。①

图 4‑13　孙中山北上途中,在上海受到各界人士的热烈欢迎

---

①　《啼痕——杨杏佛遗迹录》,第 86 页。

23 日，孙中山一行到达日本长崎，24 日到达日本神户。孙中山北上途中，为何不直接从上海经天津赴北京，而要绕道日本呢？去日本的目的是什么？

其实原因并非如孙中山在日本回答记者提问时所说的"上海到天津车船水陆均不通"，而是早有计划，是希望得到日本方面的支持，从而在与北方军阀谈判的时候，增加点筹码。

但事与愿违，孙中山日本之行遭到了日本官方的冷遇。日本政府拒绝他到东京去。就连与他有过联系的政、财、军界实力人物也极力回避。孙中山两手空空地离开日本，一腔热忱和希望化为泡影。

原来，孙中山绕道日本期间，北京政局正在悄然发生变化。日本人迫使直系军阀支持段祺瑞上台执政，张作霖也同意段祺瑞上台。而孙中山的政策是打倒军阀，废除一切不平等条约。日本以及英美当然不乐意，不要说孙中山了，就连请孙中山入京的冯玉祥都被日本人排斥。

孙中山在日期间，段祺瑞的两个代表却受到了日本首相、外相以及其他达官显宦的隆重接待。显然，孙中山之所以多次申述绕道赴日是因上海北行车船不通，这既是他为了寻求日本援助的一种试探，也是出于对日本政府在他访日前后冷淡反应的一种策略性表示。

11 月 30 日，失望的孙中山，带着夫人宋庆龄及随行人员坐船离开神户，于 12 月 4 日抵天津。他深感身体不适。医生诊断为旅途劳顿、消化不良所致的胃病。

此时孙中山随行人员很少，行装非常简单，却不惮劳烦，分批用轮船从南方运来包括《三民主义》《建国方略》在内的几万册书籍，放在居所的走廊中，将其送给来访的客人。孙中山在天津停留 27 天后赴北京。

在此期间，孙中山吁请召开国民会议，而"国民会议之主要任务，惟在谋国家之统一与重新建设"。为此，他先后给部下交代与下达的指令、训令多达 118 件；接待各界代表，见诸报端的就有 68 人；并发出长文《孙中山在津之宣言》，草拟建国意见 25 条。由于辛苦地工作，孙中山的病情不断恶化，但为了国家的和平统一，他仍坚持抱病入京。

图 4‐14　1924 年 12 月 4 日,孙中山从日本抵达天津,下榻张园行馆

12 月 31 日,孙中山一行到达北京,入住北京饭店后,协和医院医生狄博尔、克礼二人与施密特会同诊治,诊断孙中山得了"最烈肝病"。等待已久的杨杏佛,看到孙中山为革命鞠躬尽瘁而消瘦虚弱的身体,十分伤心。

六　随侍左右

1925 年 1 月初,经进一步核实,北京协和医院对孙中山的病情给出明确诊断:肝脓肿转为肝癌晚期。杨杏佛与孙中山一行会合后,忙前忙后,到处奔波,一边在铁狮子胡同,负责一切新闻工作,一边还在关心东南大学的事务并积极活动。

此时,传来一个令杨杏佛本人振奋的消息:教育部宣布解除郭秉文的校长职务,任命私立上海大同大学校长胡敦复为东南大学校长。此事是因郭秉文为排挤杨杏佛而挟军阀势力,裁撤东大工科而起。支持倒郭的有汪精卫、吴稚晖等国民党政要。

但是此举在东南大学激起轩然大波,校内争斗激烈。时任东南大学副校长的任鸿隽也认为这是新旧两派的严峻斗争。教育部命令下达后,旧派为维持原有利益,成立了东南大学维持学校委员会,并以本校学生名义发表反对罢郭宣言。

杨杏佛本打算回南京增强进步力量,直接介入这次斗争。他在1月12日给赵志道的信中说,因"东大事反动尚多",他"日内即回"。[①]可见他对东南大学仍密切关注。但是由于孙中山病重,杨杏佛并没有离开北京南下,而是随侍在侧。

郭秉文被免职后来到北京。一些拥郭派于1月20日在中央公园围攻质问杨杏佛为何攻击郭氏。以后,拥郭派又纵容学生在东南大学校园内高呼打倒"党化教育"的口号,将反对学阀的国民党人称为"赤色分子"。矛盾进一步激化,形成闻名全国的东南大学易长风波。

此时,孙中山病情一天天恶化,杨杏佛已无心东南大学之事,一直随侍在孙中山身旁。26日,孙中山入住协和医院,当日即施行手术。手术时发现肝部已经硬化,无从切除,乃用镭锭(即Radium,镭)放射,以减轻孙中山的病痛。18日,镭锭治疗40余小时仍无效果,西医治疗绝望。

2月18日,孙中山由协和医院转到铁狮子胡同的顾维钧宅院。杨杏佛等侍从人员挤在铁狮子胡同五号的一间狭小房间内,心情沉重,默默相对无语。大家都希望能出现奇迹。

在铁狮子胡同期间,医生们对孙中山的病使用了多种特殊的治疗手段。中医陆仲安给孙中山开出了由黄芪、党参等配伍的药方。服用后,水肿竟然消了,吃饭也正常。西医检查了一下,发现血液循环稳定了,令人惊喜。但不久孙中山开始腹泻,精神变差。

这时,医生团队又对孙中山施以"精神治疗法",请毕业于德国精神医学专业的葛辛慈前来治疗,给孙中山做心理和肉体上的"按摩",同时让他停止服用

---

① 《杨杏佛1925年1月12日致赵志道函》,《啼痕——杨杏佛遗迹录》,第285页。

已无效的中药。此时有一个叫王纶的山东医生主动要给孙中山治疗,称有"驱癌液"。"驱癌液"是由日本人发明的一种抗癌新药,药名"卡尔门",当年一度被看成是治疗癌症的灵丹妙药。此药刚注射时似乎有效,但接下来效果甚微。采用各种医疗措施后,孙中山的身体越来越虚弱。

3月12日上午9点30分,孙中山在北京去世。侍候其旁的杨杏佛极为悲痛,感到心头受到无限的损伤,希望能"减少自己的寿数,来延长孙先生的生命",然而又感到肩负无限的责任,"孙先生的物质生命,我们虽然无法延长,但是用心血颈血和一切牺牲来延长孙先生的革命生命,却是全国乃至全世界孙先生的信徒的责任"。[①]

孙中山留下三份遗嘱。其中在国事遗嘱上,除笔录者汪精卫外,还有宋子文、孙科、孔祥熙、邵元冲、戴季陶、吴稚晖、何香凝、戴恩赛、邹鲁为证明者。杨杏佛没能出现其中,因为他既不是孙中山的亲属,在国民党内资历也尚浅。

图 4‑15　孙中山遗嘱

孙中山去世后,协和医院为孙中山遗体做了防腐手术,取出心、肝等内脏,洗涤遗体后,由腿部注入福尔马林药液,以便长期保存。

---

① 　杨铨:《回忆》,《杨杏佛文存》(民国丛书第三编84),第44页。

在京的国民党党员立即成立了治丧处,治丧处主任为于右任、吴稚晖、孔祥熙、李石曾、宋子文、林森等,秘书主任为汪精卫,邵元冲、杨杏佛、吴玉章专任文件工作。那时还是第一次国共合作时期,李大钊、吴玉章、邓颖超等共产党员都参加了治丧处的工作。

图 4-16　孙中山去世后,众人守灵

杨杏佛伤心欲绝,写下挽联沉痛悼念:

> 先二百年独创明言,视孔仲尼马克思卢梭皆如无物;
>
> 后廿四史别开生面,合朱元璋华盛顿列宁而为一人。①

挽联评价了孙中山奋斗的一生,称赞孙中山一生著述等身、思想深邃,不逊于孔子、马克思、卢梭,并盛赞其革命功业:实现"驱除鞑虏,恢复中华"的民族主义,有类朱元璋;"创立民国",组建南京临时政府,颁布《临时约法》,践行民权主义,功成身退,堪比华盛顿;主张"平均地权"、节制资本的民生主义,可追步实行土地国有、限制资本的列宁。

此后杨杏佛化悲痛为力量,全身心地参与治丧处工作。3 月 19 日,孙中

---

① 孙中山先生葬事筹备处编:《哀思录》第三编,卷三《挽联》,上海,1926 年。

山灵榇由北京协和医院奉移中央公园(现中山公园),供各界吊唁、瞻仰。当日参加移灵大典的各界人士达 12 万余人。灵榇出发时,在京的国民党员及孙中山生前友好人士分左右两路执绋送行,绋布长数十丈,分左右两绋。左绋执头为吴稚晖,共有于树德、李石曾、马君武等 89 人;右绋执头为黄昌穀,共有何香凝、杨杏佛、吴玉章、蒋梦麟等 93 人。送殡队伍浩浩荡荡,"有执政府卫队、陆军部乐队、海军部陆战队、京师宪兵营、警卫司令部步队、警察厅乐队及警队、各学校、各团体、各机关代表等,自东单三条西出,两旁观礼之男女,人山人海,无从计数","航空署派飞机四架,在中央公园及沿途旋回空际,此皆极隆盛之敬礼也"。灵柩所到之处,沿途人群自觉脱帽鞠躬致礼,还不时高呼"孙中山主义万岁""国民革命万岁""打倒帝国主义""打倒军阀"等口号。送殡队伍抵中央公园后,灵榇抬至社稷坛大殿灵堂安放。①

图 4-17 孙中山去世后,北京中央公园门前的悼念人群

3 月 22 日,遵照孙中山归葬南京紫金山的遗愿,治丧处和家属商定先将灵榇暂厝北京香山碧云寺,以待南京紫金山墓地修竣。3 月 23 日,在北京的

---

① 《昨日孙中山移灵之详情》,《大公报》1925 年 3 月 20 日,第 3 版。

国民党员 1 500 余人在中央公园社稷坛举行公祭仪式,中央执行委员会通电海内外党员,要求于 23 日上午 9 时各就党部所在同时哀悼。3 月 24 日至 4 月 1 为各界公祭日,每天都有成千上万的各界人士前来中央公园吊唁。据统计,从 24 日至 4 月 1 日止,至社稷坛入吊签名的个人达 746 823 人,机关团体 1 254 个;自 19 日由协和医院移灵至公园之日起,共发出白纸花 1 037 000 朵;前往参灵者,以 3 月 26、27、29 日三日为最多。社稷坛灵堂一侧,书有"国父"二字之横额,据在灵堂之女招待员谢馨兰女士计算,该三日内每一分钟约有 125 人参灵。① 4 月 2 日灵柩移厝香山碧云寺。

4 月 13 日,在上海举行的国民党全体党员追悼大会,到会者 6 000 余人,何香凝、杨杏佛、恽代英、叶楚伧先后在会上演讲,阐述孙中山的革命事迹。全体党员还在叶楚伧的带领下齐声宣誓:

> 中国国民党党员,谨在总理陵前誓遵守总理遗嘱,继续奋斗,以实现三民主义、建国大纲、建国方略、第一次代表大会宣言,并愿本纪律的精神,使本党在统一组织之下益得强固发展。②

看着"革命尚未成功,同志仍须努力"的总理遗言,想到东南大学大门上竟写着"拒胡尚未成功,同学仍须努力",杨杏佛更加感到革命道路困难重重,并痛下决心要追寻孙中山的足迹,努力改造中国,为革命事业奋斗终生。

---

① 《北京各界祭吊孙公之统计》,《广州民国日报》1925 年 4 月 3 日,第 4 版。
② 孙中山先生葬事筹备处编:《哀思录》第三编,卷四《海内各地追悼纪事》,第 14 页。

第 五 章

筹建中山陵　安葬孙中山

1912 年 3 月,孙中山辞去临时大总统后,与胡汉民等人前往紫金山打猎,途中有感于该地自然形胜,说道:"待我他日辞世后,愿向国民乞此一抔土,以安置躯壳尔。"1925 年 3 月 11 日,临终前一天,孙中山明确对汪精卫提出:"吾死之后,可葬于南京紫金山,因南京为临时政府成立之地,所以不可忘辛亥革命也。"[①]为完成孙中山遗愿,杨杏佛多方奔走努力,为中山陵的筹建立下了汗马功劳。

一　葬事筹备

北京的治丧活动结束后,国民党中央执行委员决定立即成立葬事筹备处,负责孙中山的陵墓建设及安葬等工作。4 月 4 日,张静江、汪精卫、林森、于右任、戴季陶、杨庶堪、邵力子、宋子文、孔祥熙、叶楚伧、林焕廷、陈去病等 12 人被推举为孙中山葬事筹备委员。

1925 年 4 月 10 日,杨杏佛随宋庆龄、孙科、宋子文赴南京勘察紫金山墓址。4 月 18 日,第一次葬事筹备会议在上海成都路广仁里张静江家中召开,正式成立常设办公机构——孙中山先生葬事筹备处,决定推宋子文、林焕廷、叶楚伧三人为葬事筹备委员会常务委员,杨杏佛任葬事筹备处干事部主任干事。葬事经费拟请广州政府每月拨大洋 5 万,葬事筹备处经费每月定为1 000 元。

---

① 《千古一瞥时之孙中山》,《民国日报》1925 年 3 月 16 日,第 3 版。

图 5-1　1925 年 4 月 21 日,宋庆龄登上紫金山,为孙中山先生选择墓址

开始两个月,葬事筹备处还未找到固定的办公地址,筹备会议多在莫利爱路 29 号孙中山私宅召开。1925 年 7 月,葬事筹备处才在法租界环龙路 44 号弄内 4 号,即国民党中央执行委员会上海执行部机关所在地,设立了固定的事务所。1925 年底,在南京设立了分事务所。1926 年 3 月,迁至法租界上海路 24 号。

葬事筹备处的职能,主要是主持孙中山陵墓修建和丧葬事宜。葬事

图 5-2　杨杏佛(右一)与宋庆龄、宋子良、宋子安合影

筹备处的组织机构是:在葬事筹备处下设一个葬事筹备委员会和家属代表。家属代表与葬事筹备委员会联合承担决策职责,定期召开筹备会议,议决一切有关孙中山墓葬事宜。在葬事筹备委员会下设立一个干事部,负责葬事筹备处的日常工作,执行具体事务。干事部包括一名主任干事和若干名职员,分设驻沪干事、驻宁干事和驻山监工实习生。主任干事杨杏佛负执行全责,督率全

体职员执行筹备会议议决的一切事件,并定期向委员会及家属代表报告执行情况。同时,常务委员与家属代表,还负责工程、会计和文牍等事务的具体执行。主任干事月薪为300元,葬事筹备委员则是属于义务兼职。

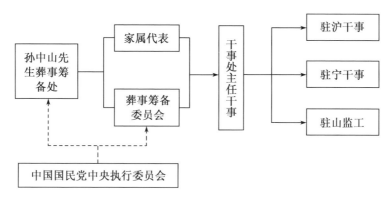

图 5－3　孙中山先生葬事筹备处前期组织结构图

　　葬事筹备委员会中很多委员在国民党内负有重要职务,不能经常参加会议,因此决定:只要委员超过半数出席就能开会。凡是有关中山陵建设的一切重要问题,都由委员会讨论决定。葬事筹备委员会不设主席,每次开会临时推定会议主席。据记载,从1925年4月葬事筹备处成立,到1929年6月葬事筹备处结束,葬事筹备委员会共召开过70次会议(其中包括在广州召开的1次会议)。从墓址选择、圈地、征求陵墓设计图案、招标、工程经费、进度,到安葬的筹备工作等具体事项,都必须经葬事筹备委员会详加讨论研究,作出决定,才由葬事筹备处付诸实施。

　　葬事筹备处前期的工作,主要围绕陵墓的选址、设计,以及陵墓主体工程的招标和进行而展开。另设陵墓工程处(驻紫金山)、测量工程处、购地处、中山陵园,在葬事筹备委员会指挥及主任干事指导下,分别负责工程、测量、土地收购、园林植被方面的事务。其中,驻山工程处的工程监察员直接受葬事筹备委员会常务委员指挥,在主任干事指导下开展工作,以确保陵墓工程质量和进度。可见,杨杏佛是葬事筹备具体事务的直接负责人,主持葬事筹备,工作繁重,责任重大。

在勘定墓地后,葬事筹备处决定在墓地建造总理铜像,在祭室内造总理大理石像,以 15 000 两白银向美商购买铜棺等。为了更好地投入葬事筹备工作,杨杏佛决定丢开东南大学所有的事务,将家从南京移至上海,专心总理葬事。

杨杏佛战斗生涯从此进入了一个新的时期,他在纪念孙中山的文章中写道:"物质的孙先生,虽然于民国十四年三月十二日死了,但是精神的孙先生,都[却]从十四年三月十二日后化身,散布到四万万民众身上——尤其是信仰孙先生主义的党徒。"①

杨杏佛以满腔热情,与其他国民党左派人士一道,毫不动摇地遵照孙中山的遗愿,坚持新三民主义,坚持联俄、联共、扶助农工的三大政策。

杨杏佛举家搬到上海法租界环龙路铭德里(今南昌路 100 弄)7 号,距离位于陶尔斐司路 24 号(今在南昌路)的葬事筹备处很近,距莫利爱路 29 号(今香山路 7 号)的宋庆龄寓所也不远。

杨杏佛常去宋宅谈工作,与宋庆龄也常通信。宋宅有一个青年专司送信,他认真负责,将信送到杨家后,还要杨杏佛在送件簿上签名表示收到。有时,宋庆龄家里做奶油蛋糕时,也会派人送一只给杨家。杨家孩子们对宋庆龄做的蛋糕记忆犹新。

图 5 - 4　杨杏佛在上海法租界环龙路铭德里 7 号杨宅前留影

这段时间,宋庆龄和杨杏佛接触较多。他们都是留美学生,习惯用英语交谈,相互之间有着颇多共同语言。在此期间,宋庆龄也看到杨杏佛在料理孙中山后事及陵园工程等方面的表现,对他的廉洁奉公和工作效率有了新的认识。

---

①　杨铨:《回忆》,《杨杏佛文存》(民国丛书第三编 84),第 45 页。

由于军阀割据,北京、上海、南京等地均不在国民党控制范围内。同时,孙中山病逝后,国民党内部围绕是否坚持孙中山联俄、联共政策,分裂为坚持联俄、联共政策的左派和反对该政策的右派。政局混乱,国民党四分五裂、权力涣散,面对如此窘境,葬事筹备委员会常务委员林业明和主任干事杨杏佛,克服重重困难,坚持孙中山丧葬事务筹备工作,起到了守护国民党政治文化资源的作用,与左派的广州国民党当局加强党政建设、巩固组织权威的努力相互映衬。①

1926 年 7 月,葬事筹备会议提出了在陵园内设立中山植物园的计划,并推定林业明、陈守一、杨杏佛为筹备委员,只是因为时局和经费方面的制约,未能及时付诸实施。

二　筹建伟陵

杨杏佛为中山陵的筹建付出了大量心血。从选址、征地、征求图案、招标,直到处理纠纷,解决细节,几乎每件事情都有他的参与。特别是他在陵墓招标工作中表现出的廉洁负责精神,令宋庆龄及国民党内各派别人士都无可挑剔。

为了选择中山陵墓址及圈定墓地,杨杏佛又多次到紫金山实地勘察。1925 年 4 月 30 日,身为葬事筹备处主任干事的杨杏佛和家属代表孙科,与江苏省当局交涉征地事宜。5 月 1 日,江苏省当局派出陆军测量局测量员、照相技师以及实业厅特派员,会同杨杏佛、孙科一道勘察墓地。

墓址确定后,杨杏佛又几次由上海到南京与江苏省省长韩国钧等官员反复商洽中山陵墓地的土地征用工作。对国有荒地和地方所属的公地,他都同有关部门协商,取得一致意见后才征用。征用民地时,他体恤民心,针对不同

① 李恭忠:《中山陵:一个现代政治符号的诞生》,北京:社会科学文献出版社,2009 年,第97—98 页。

情况作出合情合理的规定。在协商民地收购时,他还宴请乡民,以联络感情。1925年,国民政府政权尚困于广州一隅,外有强敌环伺,内部权威涣散,葬事筹备处能取得这样的成绩,杨杏佛居功甚伟。

此外,杨杏佛还有几项重要、艰巨烦琐的工作,是对中山陵墓设计图案的征求、选定以及中山陵各项工程的招标。他不仅要把各方面的意见向葬事筹备委员会和孙中山的亲属汇报,又要把他们的意见加以比较分析并归纳汇总。有关葬事筹备的各种会议,他既要参加,又要亲自记录,更重要的是还要负责将会议的决议付诸实施。

1925年9月20日下午,葬事筹备委员会在上海大洲公司三楼召开现场会,评选陵墓图案设计方案,出席者有宋庆龄、孙科及其夫人、孔祥熙、林业明、叶楚伧、陈去病、杨杏佛等家属代表和葬事筹备委员会委员,并聘请中国画家王一亭、德国建筑师朴士,南洋大学校长、中国工程学会副会长凌鸿勋,雕刻家李金发为评判顾问。根据陵墓图案征求条例和评判顾问的书面报告,经过详细讨论,最后,杨杏佛报告评审结果:头奖,吕彦直,奖金2 500元;二奖,范文照,奖金1 500元;三奖,杨锡宗,奖金1 000元。对建筑师吕彦直设计的头奖图案,王一亭评价该设计"合于中国观念""建筑朴实坚固","形势及气魄极似中山先生之气概及精神";朴士认为它与评判要点"极能合格";凌鸿勋认为,"此案全体结构简朴浑厚,最适合于陵墓之性质及地势之情形,且全部平面做钟形,尤具木铎警世之想。祭堂与停柩处布置极佳,光线尚足,祭堂外观甚美……此案建筑费较廉"。①

陵墓设计方案的公开竞争和评奖,不仅得到了最佳的设计方案,而且吸纳了建筑界、艺术界的支持与合作,向海内外再一次宣传了孙中山伟大的革命精神,杨杏佛主持的干事处为整个活动付出了很多的努力,工作卓有成效。

为了保证中山陵的工程质量,杨杏佛决定公开招标确定承建厂商。中山

---

① 王一亭:《孙中山先生陵墓图案评判报告》,朴士:《孙逸仙博士陵墓图案评判报告》(译文),凌鸿勋:《孙先生陵墓图案评判报告》;孙中山先生葬事筹备处编:《孙中山先生陵墓图案》,上海:上海民智书局,1925年,第19—20、22页。

陵墓最初的工程费定为 34 万两,可以说,这是一项可观的工程。1925 年 12 月 1 日至 7 日,葬事筹备处在上海各大报刊刊登广告,公开招标。

当时的社会,贪污腐败成风,甚至公开索贿行贿。因此,不少营造厂商以为有利可图,纷纷想找门路承揽这项工程。杨杏佛自担任葬事筹备处主任干事后,很多商家把他作为"围猎"对象,妄图从中牟利。如上海大同照相馆经葬事筹备处同意,获准专印孙中山照片,获利颇丰,为表谢意,几次送钱给杨杏佛,均被拒绝。这一次陵墓工程修建,利润更大,许多人把目光集中在杨杏佛身上。杨杏佛能经受得住更严峻的考验吗?

投标中山陵工程的建筑公司有近 40 家,包括许多一流建筑公司和外国商人,他们各自使出浑身解数,纷纷竞争投标。其中的 19 家给杨杏佛及其下属送了礼,一位范姓建筑师,亲自画了一张建筑图,要为杨杏佛盖别墅。一些不法厂商另想办法,他们纷纷把财物送到杨杏佛家中,往杨家送礼的人络绎不绝。杨杏佛的夫人赵志道不肯接受,却又推不掉,但杨杏佛却不为所动。

国民党中央委员沈涵非常嫉妒杨杏佛,想取而代之,便设计陷害他。沈涵派亲信刘发,谎称自己是大同建筑公司的,叫杨良光,到杨杏佛家送去金砖 10 块及山珍海味两大包,请他在招标时给予关照。杨杏佛收了"杨良光"的礼,打了收条,签了字。

这"杨良光"究竟是干什么的? 杨杏佛心里纳闷:一是谈话时,他用错了几个专业术语,不像是搞建设工程的;二是送如此厚的礼,独此一份。于是他悄悄地紧随其后,一直把"杨良光""护送"到沈涵的家门口。

杨杏佛将此事向宋庆龄作了报告,宋庆龄听后无限感慨,把一张折叠的纸条交给了他。杨杏佛打开一看,惊诧不已,问:"我写的这张收条怎么会在您这里?"宋庆龄说:"沈涵恶人先告状,编造谎言,说什么他意外得到了你收受贿赂的证据。"

杨杏佛脸上露出了微笑,说:"您看到我亲笔签名的收条,就一点也不怀疑我?"宋庆龄睿智地笑笑:"我一看到这张收条,心里就想,这是一条多么巧妙结实的绳索呀,沈涵这只老狐狸被你套住了!"

招标会之前,杨杏佛整理了一份礼品清单,把所收礼品举办了一个陈列展,将所有的礼品按清单全部展出。到公开招标之日,杨杏佛带着投标商,包括化名"杨良光"的刘发,参观了礼品陈列。当他们各自看到自己的公司名称和所送的礼品时,十分尴尬。这一来,那些送礼的不法厂商只好收回自己的礼品,溜之大吉。

经过公开招投标,最后由经验丰富、实力雄厚的姚新记营造厂中标承建。这件事情发生后,葬事筹备委员会作出决定,规定"委员会及筹备处职员,不得有收受回扣及任何馈赠之事"。

更加难能可贵的是,杨杏佛不但自己保持廉洁,而且带头为葬事筹备处节省开支。在他的倡议下筹备处作出决定:委员与筹备处人员,在上海南京往返,都以二等车为限,伙食费每人每天补足一元,不得超过。在他的以身作则下,财务会计管理井井有条。

杨杏佛在艰苦的政治环境下,克服困难,尽心尽责地工作,但由于国民党右派在党内斗争中得势,杨杏佛被免去了葬事筹备处主任干事一职。

三 奠基风波

1926 年 3 月 12 日,是孙中山逝世一周年纪念日,也是中山陵举行奠基典礼的日子。为搞好这次纪念活动和奠基典礼,国民党有关方面煞费苦心,左右协调,希望能圆满完成,可是因左派、右派不可调和的矛盾,最终还是酿成了一起影响恶劣的政治风波。

在南京,国民党左派市党部曾几次同右派市党部联系,邀请他们共同举办纪念活动,却遭到拒绝。右派市党部为力争在国民党党内的"正统"地位,抢先成立了孙中山逝世一周年纪念筹备处。这样,左派市党部也不得不邀请一些团体成立了另一个孙中山逝世一周年纪念筹备处,两个筹备处各自分头准备纪念活动。

　　3月9日,广州国民党中央党部电令,上海孙中山葬事筹备处与江苏省党部及沪宁各级党部联合组织孙中山逝世一周年纪念大会,葬事筹备处连夜开会,决定请南京的两个纪念筹备处合并为一,葬事筹备处也加入,共同筹备。但是合并的计划没有成功,于是葬事筹备处决定参加左派市党部及省党部组织的纪念会。

　　3月10日,宋庆龄、孙科以及广州国民党中央党部代表邓泽如,葬事筹备委员叶楚伧、林焕廷等抵达南京,左派和右派两个市党部都派人到下关车站迎接,但左右两派相互独立,各自行动,两派的欢迎口号,互相对立。

　　为了筹备奠基典礼,杨杏佛精心准备,事无巨细,亲自过问。从上海来的人员很多,杨杏佛安排旅馆、联系专车。在目送满载1 000多人的"孙中山先生陵墓奠基礼专车"从上海火车站开出以后,他又护送宋庆龄、孙科等人乘车赶赴南京。

　　3月12日下午3点,中山陵墓奠基典礼在紫金山中茅山南坡按时举行,虽然天降大雨,各界代表仍然踊跃参加。不仅有孙中山亲属以及葬事筹委会的委员和职员,到会的还有广州国民党中央执行委员会、国民政府代表邓泽如,孙中山家属宋庆龄、孙科,葬事筹备委员会、葬事筹备处成员,各省、区国民党党部代表,上海运输工会、洋服工会、纺织工会等组织的工人代表,苏联驻上海总领事

图5-5　1926年3月12日,在南京紫金山举行了孙中山陵墓奠基典礼,宋庆龄、孙科、邓泽如、杨杏佛等各界人士数千人参加了典礼

林德,英国、日本、美国等国家驻南京领事,代表江苏军政首脑孙传芳、陈陶遗出席的江苏省实业厅厅长徐兰墅,代表浙江省省长夏超出席的第三师第六旅旅长斯烈,以及南京、上海各机关、团体、学校的代表、各地新闻记者等,共约3 000人。

1926 年，正值国共合作时期，国民党江苏省党部常委、共产党员侯绍裘作为奠基礼纠察主任之一，与另几位共产党员也参加了典礼。

奠基典礼在中山陵墓址处举行，墓址上方设孙中山像台，像台前面是一座木质中山陵墓模型，上海大中华、百合照相馆纷纷到场摄影，上海新影片公司还架起了电影摄影机，准备将这一具有历史意义的场面摄制成电影。

下午 3 点左右，奠基典礼开始，由邓泽如主持典礼，叶楚伧任司仪。奏乐、升党旗后，全体到场人员向孙中山遗像行三鞠躬礼，然后由邓泽如演讲，说明孙中山葬于南京紫金山的原因，在于"南京为临时政府所在地，又为孙公就任临时大总统之地，是南京一隅，与孙公所抱之革命主张有密切关系，故有如是之遗嘱"①。

接着，杨杏佛报告选择墓址的经过以及工程计划。然后由中央代表邓泽如举行奠基典礼，他把奠基石上覆盖的青天白日党旗取下，露出奠基石，上刻"中华民国十五年三月十二日中国国民党为总理孙先生陵墓行奠基礼"。随后，全体向孙中山遗像三鞠躬，宋庆龄、孙科向全体到场人员答谢，大家高呼口号"孙先生不死""孙先生主义万岁"，典礼在乐曲声中结束。

奠基典礼进行时，杨杏佛仍肩负重任，不仅要照应会场，自己还要发表讲话。尽管奠基礼做了精心的准备，但由于国民党右派分子的蓄意挑衅，奠基礼后，竟发生冲突。

奠基典礼仪式刚刚结束，现场人员还没来得及散去，右派市党部的人群中突然吹起警笛，高喊"打倒跨党分子""孙文主义学会万岁"等口号。左派市党部的队伍立刻回击，振臂高呼"打倒西山会议派""打倒孙文主义学会"。

此时，右派市党部的暴徒突然用事先预备好的铁棍、木棒在左派队伍中乱打，双方扭成一团，会场秩序大乱，许多来宾纷纷逃散。结果，国民党江苏省党部常委、共产员侯绍裘当场被打成重伤。杨杏佛与筹备处委员、职员始终在场维持秩序。侯绍裘被殴打时，杨杏佛与在典礼上担任司仪的叶楚伧以身翼

---

① 《轰动全国之中山陵墓奠基礼》，《民国日报》1926 年 3 月 14 日，第 2 版。

护,叶还被击伤了头部。

国民党右派分子在奠基典礼上的暴行,引起了广大正直的左派国民党员和共产党员的强烈愤慨,他们认为葬事筹备处在奠基典礼事件中负有一定责任,并要求严惩凶手、改组葬事筹备处。

3月13日下午,宋庆龄、孙科、邓泽如、叶楚伧等同车返回上海。他们立即赶到张静江家中,连夜商讨奠基典礼事件的处理办法,决定以葬事筹备处的名义致电广州国民党中央党部,并在各报刊登启事,声明"葬事筹备处专任葬务,葬务以外之事概不预闻"。孙科还在报上刊登《孙科启事》,声明"科此次来沪专为举行先君陵墓奠基典礼,事毕即返,一切政治党务皆未暇过问"。

14日,葬事筹委会举行第31次会议,作出决定:筹备处职员,不准干预党务或职权以外事务,不得兼任其他职务。为保证陵墓工程不受动荡的政治时局影响,葬事筹备委员会随即作出决议,特地声明"筹备处委员会受广州中央执行委员会与国民政府之指挥"。①

25日,葬事筹备处机关迁往法租界陶尔斐司路24号,以示与环龙路44号西山会议派的中央党部不发生关系。此次的中山陵奠基典礼事件是国民党右派背叛孙中山三大政策、破坏国共合作的一次尝试。

虽然杨杏佛在3月12日的奠基礼上宣布,奉安大典的日期定在1927年3月12日,但由于时局动荡,中山陵工程进展缓慢,竣工时间超过了预期。

1927年1月13日,葬事筹委会第43次会议作出决议,把原来"筹备处职员不得兼任其他职务"的规定修改为"凡筹备处职员兼任其他职务,宜以不兼薪、不妨碍总理葬务进行为限"。并且决定,从当年1月起,为主任干事加薪200元,这样杨杏佛的月薪达到500元。②

在葬事筹备委员会的前43次会议中,作为葬事筹备委员会干事处主任干

---

① 《(葬事筹备委员会)第31次会议记录》,1926年3月14日,南京市档案局、中山陵园管理处:《中山陵档案史料选编》,南京:江苏古籍出版社,1986年,第86—87页。
② 《(葬事筹备委员会)第43次会议记录》,1927年1月13日,《中山陵档案史料选编》,第100页。

事的杨杏佛出席了其中 38 次,并且每次都亲笔记录。在现存的中山陵档案中,还可以看到杨杏佛用毛笔草书的字迹娟秀、清晰可辨的会议记录。繁重的工作练就了他一项特殊的本领,能一边写信,一边与别人交谈。

1927 年 4 月 12 日,以蒋介石为首的国民党右派发动反革命政变,大肆屠杀国民党左派和共产党员,在南京组建国民政府。4 月 17 日,在葬事筹委会第 44 次会议上,突然作出一项决议,请中央加委杨杏佛等 7 人为筹备委员。还决定葬事筹备处迁往南京。4 月 27 日的葬事筹委会第 45 次会议,决定聘请夏光宇为主任干事。也就是说杨杏佛被免去了主任干事的职务。在葬事筹备委员会刚为他加薪 4 个月,就一分钱也不再支付了。虽然杨杏佛不再担任主任干事了,但仍然要承担干事的职责——负责编撰工作报告,每月可领津贴300 元。

之所以做出这一举动,一方面是葬事筹备处人手缺乏,葬事办理不顺,另一方面,党内格局的变化、新推举的筹备委员的政治背景,也不可忽视。新推举的 7 人,蒋介石是新一代权力中枢的代表人物,在军政党务方面最具影响力。伍朝枢、古应芬、邓泽如 3 人,孙中山在世时就颇为倚重。孙中山逝世后,广州国民党当局组织"大元帅哀典筹备委员会",10 名委员中就包括他们 3人。1927 年 4 月南京国民政府成立后,3 人依然担任要职,古应芬任财政部部长,伍朝枢任外交部部长,邓泽如任国民政府委员。1927 年 5 月初,国民党当局组织中央"清党"委员会,邓泽如担任主席。吴铁城、张群则是与蒋介石关系密切,对于蒋介石政权在南京的建立和巩固出力甚多。7 人当中,只有杨杏佛不在政要之列。自葬事筹备处成立两年以来,杨杏佛一贯坚持与中共真诚合作,为叛变革命、违背孙中山遗教的国民党右派所忌恨,因此连孙中山葬事筹备处主任干事的职务也被免了。但他为处理孙中山葬事出力甚多,呕心沥血,极端认真负责,受到交口称誉。被推举为筹备委员含有嘉奖其对葬事有功,劝勉其继续努力之意。①

① 李恭忠:《中山陵:一个现代政治符号的诞生》,第 102—103 页。

在葬事筹备委员会的呈文递上去之后，国民党中央执行委员会批示下来之前，一共召开了4次葬事筹备会议，尚未正式成为筹备委员的杨杏佛出席了2次会议。尽管被免去了主任干事的职务，但他仍一如既往关心并参与中山陵地建设和葬事筹备工作，起草陵园计划委员会组织章程等，一些照例属于主任干事范围的事务，杨杏佛依然承担。

1927年9月18日，国民党中央正式委派胡汉民、汪精卫、蒋介石、张静江、谭延闿、程潜、李石曾、蔡元培、许崇智、于右任、林森、谢持、邓泽如、

图5-6　1928年，杨杏佛（右）与蔡元培（中）、何应钦（左）在南京合影

伍朝枢、宋子文、孔祥熙、林业明、叶楚伧、杨杏佛等19人为葬事筹备委员。同一天，在军事委员会西花厅召开第50次葬事筹备会议，出席者有谭延闿、程潜、蔡元培、谢持、伍朝枢、林业明、叶楚伧、杨杏佛等8名委员，以及家属代表孙科，会上推举林森为主持工程的常务委员，林业明和叶楚伧仍为常务委员，分别主持会计和文牍。

会议地点在军事委员会西花厅，就是1912年孙中山在南京担任临时大总统期间办公的地方。杨杏佛故地重游，触景生情，看到那西式风格的办公室依然矗立，想起自己曾经与孙中山朝夕相处的日子，他那音容笑貌萦绕耳畔，历历在目，记忆犹新，"天下为公""振兴中华""奋斗"……这些谆谆教导瞬间复活，恍如昨日，从来没有被遗忘，不仅沉淀在脑海深处，更已转化为身体力行的自觉行动。

葬事筹备委员会从1927年9月18日重组，到1929年6月18日结束，一共召开了20次葬事筹备会议，杨杏佛出席了9次，仅次于担任筹备委员会常

务委员的林业明、叶楚伧、林森。①

四　奉安任职

1928 年春，南京国民政府继续北伐，6 月初占领北京，6 月 15 日南京国民政府发表宣言，宣告全国统一。此后，新疆、热河、东北三省等地区相继易帜，宣布服从南京当局。在国民党中央看来，这意味着经过数年的艰苦努力，自己终于以"三民主义"统一了全国，以后即可施展拳脚，贯彻自己建设一个新国家的宏伟抱负。

革命既然已"成功"，"革命之父"孙中山的正式安葬问题也提上了议事日程。1925 年 4 月以后，孙中山的遗体一直暂厝于北京香山碧云寺，其间颇受北方军阀势力滋扰，差点被奉系军队焚毁。在碧云寺护灵的国民党人大概也有些倦意。1926 年 7 月，协和医院的吕德（Reed）医生发现，暂厝于碧云寺的孙中山灵柩上已有灰尘，上面还放着一些家具，于是通过宋庆龄将此事转告给葬事筹备处。葬事筹备处只好解释说："总理灵柩上搁置家具，或为兵乱时避免外来纷扰之临时办法。"同时致函负责在碧云寺护灵的前孙中山贴身副官马湘"现在秩序既经恢复，总理灵前务必清洁整齐，以重观瞻"。这类情况使国民党人深感内疚，他们以为：总理的灵柩一日未安，就是本党全体同志对总理本身的责任一日未了。②

因此，北京刚刚克复，国民党中央执行委员会常务会议即于 1928 年 6 月中旬作出决议，派蒋介石为代表赴北平祭告总理，并视察情形，斟酌决定移灵南京事宜。国民政府也特派工商部部长孔祥熙，赴北平孙中山灵前"敬谨省视"。7 月 6 日，蒋介石代表国民党中央，在香山碧云寺郑重举行祭告典礼，并宣读了祭文。

---

① 根据孙中山先生葬事筹备委员会历次会议记录统计而成，《中山陵档案史料选编》，第108—148 页。

② 李恭忠:《中山陵：一个现代政治符号的诞生》，第 208—209 页。

　　葬事筹备处也加紧了南京中山陵的修建步伐。1928 年 7 月 27 日,国民政府主席谭延闿主持召开第 60 次葬事筹备会议,讨论如何进一步加快陵墓工程进度。为了尽快修筑陵前至朝阳门(今中山门)的陵园大道,会议决定商请国民革命军总司令蒋介石派出两个营的部队帮助筑路。这次会议还决定呈请国民党中央,将当年 11 月 12 日(即孙中山诞辰)定为正式安葬日期,并请中央组织奉安委员会,全面协调与孙中山奉安大典有关的各项事务。

　　鉴于葬事筹备委员会确定的安葬日期过于紧迫,各项陵墓工程来不及赶办,1928 年 8 月 8 日,国民党二届五中全会决议,总理安葬日期暂定为 1929 年 1 月 1 日。但这一日程不仅依然显得紧迫,而且是元旦日,显然不适合举行隆重的葬礼。葬事筹备处根据陵墓工程的进展情况,呈请将安葬日期改为 1929 年 3 月 12 日,即孙中山逝世四周年纪念日。这一建议得到国民党中央批准,由国民政府于 1928 年 11 月 9 日明令公布全国。

　　但情况再一次发生变化,为奉安大典特意修筑的南京下关至城东朝阳门"迎榇大道"工程进展颇不顺畅。为此,国民党中央再次将安葬日期延迟至 1929 年 6 月 1 日,并由中央执行委员会、国民政府分别通告国内外各党部、各级政府。

　　1928 年 7 月,葬事筹备处呈请南京当局成立奉安委员会,专门组织、协调孙中山奉安典礼。1929 年 1 月 14 日,南京国民政府公布了奉安委员会章程,明令组织奉安委员会。1 月 18 日,奉安委员会在国民政府会议厅召开第一次委员会议,推定蒋介石为主席委员,孔祥熙为办公处总干事,确定了会内的职责划分和人员分工。

　　奉安委员会属于临时性的特设机构,全面主持与孙中山奉安有关的一切事宜。其结构如下:国民政府委员、各部部长、文官长、参军长、葬事筹备委员会常务委员、南京特别市市长为奉安委员会委员,共 28 人,设主席委员 1 人。办公处为奉安委员会的常设机构,地点在国民政府内部,也就是 1912 年孙中山任中华民国临时大总统时的办公地。办公处总干事承主席委员之命,负责处内各组的联络、接治。办公处总干事为孔祥熙，主任秘书为郑洪年，秘书有夏光宇等 7 人，专任干事有褚民谊、杨杏佛、刘瑞恒 3 人，干事有姚观顺等 8 人，书记有方枡等 12 人，还有译电员 2 人。

办公处内部分总务、文书、财务、布置、警卫、典礼、招待、交通、卫生 9 个组和 1 个奉安专刊编纂处，分别负责这 10 个方面的工作。各组设正副主任各一人、干事若干人，下面再根据具体事务分设若干股，均向政府各机关调用人员，概不支付薪水及"伕马费"。

奉安会自 1929 年 1 月 18 日成立，至当年 7 月 16 日结束，一共召开了 18 次委员会议。在奉安日一个月以前，奉安委员会即已制定好奉安大典的所有规划，包括参加奉安典礼的人员和代表名额、迎榇公祭奉安相关仪式方案、奉安礼节要求、灵柩南下沿途各地及南京市内布置计划、交通计划、招待计划、警卫计划、卫生救护清洁设施计划，等等。1929 年 5 月 1 日，奉安委员会将所有计划总括为 14 案，呈请国民政府通令各级军、政机关遵照办理。5 月 16 日，行政院向各部、会、省（特别市）发布第 1642 号训令，通告关于奉安办法 14 案，并就各项具体计划分别训令各相关部门。

此外，奉安委员会办公处各组也分头进行职分内的筹备工作。总务组制作了 15 000 枚证章、布条符号、臂纱，印制了路线图和奉安须知，准备届时分发给出席奉安人员及代表，奉安日需要用到的旗、绋亦由总务组预先制作。布置组设计了自北平西山碧云寺至南京紫金山墓地沿途布置方案，并将各处布置任务分配给各责任机关，当然，所需经费也由各承担机关自行解决。警卫组分派了迎榇沿途及南京市内的警戒任务。招待组调查了南京市内各处旅馆，预订好了各旅馆空房。交通组对火车车次及时刻、南京下关轮渡设施、电报电话设施做了整体安排。卫生组对南京市内沿街露售的不洁食品加以取缔，调拨救护设施和医护人员，并准备在迎榇、奉安前一日将沿途街道清扫一遍。在这些准备工作的基础上，奉安委员会还举行了两次排练。第一次于 5 月 24 日在北平举行，演习迎榇典礼，迎榇专员郑洪年端坐于上，杠夫抬着沿万寿山、颐和园、北宫门走了一个小时，"行动极平稳"，证明杠夫的训练已经纯熟。第二次于 5 月 26 日在南京举行,演习奉安典礼。[1]

五　迎榇奉安

　　孙中山的墓地位于南京,而遗体却暂厝于北平,因而整个葬礼包括移灵南下、浦口迎榇、在宁公祭及在宁奉安四个阶段。从 1928 年 10 月起,葬事筹备委员会召集了数次会议,讨论孙中山正式安葬的筹备事宜,并决定呈请南京当局派林森、郑洪年、吴铁城前往北平,专门迎接孙中山灵柩南下安葬。1928 年 11 月 9 日,国民政府公布次年 3 月 12 日为正式安葬日,同时发布训令:特派林森、郑洪年、吴铁城,随带秘书 1 人、书记 2 人、副官 4 人、差弁 6 人,驰赴北平,敬谨迎榇南来,届期安葬,借慰英灵;并着会请亲族代表同行随护,以昭慎重。12 月 15 日,国民党中央致函吴铁城:派吴同志代表中央执行委员会,会同林子超、郑洪年二同志迎榇南下。

　　1928 年 12 月 20 日,三位迎榇专员启程北上,12 月 23 日夜抵达北平,次日清晨即赴香山谒灵,并于当天在北平北魏胡同 17 号成立"特派迎榇专员办事处"。[2] 值得注意的是,在北平的国民党人多自愿参加迎榇筹备工作,"以示对总理尽最后之敬意"。[3] 湖北印花局局长林玉衡还自备费用,先期从湖北赶到北平,帮助料理迎榇事务。因而,迎榇专员办事处的实际工作人员,除了迎榇专员随带人员之外,还多了好几位义务干事。迎榇筹备工作进行了 40 多天以后,由于奉安日期推迟,三位专员返回南京。1929 年 4 月下旬和 5 月上旬,三人再度前往北平,继续主持迎榇事宜。

　　1929 年 5 月 20 日孙中山遗体在北平易棺,5 月 23 日—25 日在北平公祭

---

　　① 《迎榇专员办事处(述略)》《总理奉安委员会述略》,总理奉安专刊编纂委员会编:《总理奉安实录》,南京,1930 年,第 5、19 页。

　　② 《迎榇专员办事处(述略)》《总理奉安委员会述略》,总理奉安专刊编纂委员会编:《总理奉安实录》,南京,1930 年,第 4 页。

　　③ 《迎榇专员办事处日记》1928 年 12 月 27 日,《中山陵档案史料选编》,第 277 页。

三天,5 月 26 日南下,5 月 28 日抵达南京,5 月 29 日—31 日在南京公祭三天,6 月 1 日正式奉安南京紫金山墓地。

奉安委员会典礼组拟订了七项奉安礼节,经奉安委员会第十二次委员会议通过后,由奉安委员会办公处分函各党政机关。为确保奉安期间首都南京地区一切行为场面合乎礼节规定,保持良好的秩序,奉安委员会分别为南京市民、参加浦口迎榇人员及参加奉安人员规定了注意事项。国民政府于 1929 年 5 月 28 日训令全国,"应自守纪律,共保安宁,冀慰陟降之灵,用昭恪恭之实","幸勿有越轨行动,自触刑网,慎之"①,南京特别市政府犹恐民众不能深悉,也于同日郑重布告市民"凡经过地方两旁参观市民,均应一律肃立致敬,不得有衣冠不整,及斜倚蹲地,登屋攀墙,与夫种种不敬状态表现。如敢故违,定予严处不贷"②。

5 月 26 日凌晨,孙中山遗体在北平碧云寺举行移灵礼,然后起灵,灵榇所经之处,路旁观众达 30 万人,观者均脱帽、俯首、肃立。各工厂每 10 分钟长鸣汽笛 1 次,以示哀悼。东北军还派 3 架飞机在天空回旋送灵。③ 灵车于 5 月 26 日下午离开北平。沿途所经各站布置的庄严肃穆,当地党政军警各机关首脑、各团体及民众代表均在车站恭迎灵车经过,德国、日本驻济南领事还亲自到灵车致祭。灵车到达蚌埠时,国民政府主席蒋介石偕夫人宋美龄、财政部部长宋子文已先期由南京赶往蚌埠迎候。

5 月 28 日灵车到达浦口。车站月台至下关码头有大批军警警戒恭迎。飞机在天空回翔,散布迎榇传单。灵榇过江后,奉安总干事孔祥熙乘马指挥,在各处恭候的迎榇人员依次加入行列,民众观礼者"万人空巷,咸有戚容"。从浦口到公祭地中央党部大礼堂,沿途布置壮丽肃穆的素彩牌楼,两旁连缀无数党旗。礼堂大门外搭设宏伟的素彩牌坊,牌坊顶部青天白日大旗迎风招展。礼堂内铺着崭新的绿色地毯。堂北为灵台,中间悬挂巨幅孙

---

① 《行政院公报》第 52 号(1929 年 6 月 1 日),第 4 页。
② 《南京市政府重申奉安时民众敬礼办法》,《民国日报》1929 年 5 月 30 日,第 4 版。
③ 《迎榇实纪》,总理奉安专刊编纂委员会编:《总理奉安实录》,南京,1930 年,第 48 页。

中山相片,两旁悬挂党旗、国旗和挽联,上方高悬"精神不死"四字横额。灵台左右陈列花树、盆景,台中央安放灵榇,上面覆盖党旗,前面缀以素彩,四周用铜栏杆围绕,栏柱上装有特制的党徽形电灯。灵台前为祭案,案前分别设立宣赞、纠察铜牌和主祭、与祭铜牌。礼堂四壁悬挂《总理年谱》,以及各机关所送花圈。

在中央党部停放灵柩公祭期间,中央委员、各特任官轮流守灵,每3人为1班,每班4个小时,共22班,直至6月1日奉安日为止。第一班由蒋介石、谭延闿、胡汉民守灵,负责5月28日16∶00～20∶00时段。邵力子、何香凝、杨杏佛被安排在第七班,负责5月29日16∶00～20∶00时段。

5月29日、30日、31日为公祭日期,按照排定的秩序,5月29日由国民党中央委员、国府委员、党政军代表公祭,5月30日为国民党海外支部及社会各界团体代表公祭,5月31日为外国使节、外宾及家属故旧公祭时间。杨杏佛既是葬事筹备处常务委员,还是奉安委员会专任干事,所以在5月31日下午,与葬事筹备处60余人公祭。主祭者林森,与祭委员蒋介石、谭延闿、张静江、蔡元培、戴季陶、吴稚晖、孔祥熙、宋子文、杨杏佛。

灵榇在中央党部公祭三天后,于5月31日下午6点举行封棺典礼。6月1日为正式安葬日期。当天凌晨2点,奉安总指挥朱培德、总干事孔祥熙、专任干事杨杏佛及各组正副主任、干事预先到场准备。凌晨3点,送殡人员及代表在迎榇大道指定地点依次集合。家属亲故宋庆龄、孙科夫妇及子女、蒋介石夫妇、宋子文夫妇、宋蔼龄、朱执信夫人杨道仪、唐绍仪、陈少白、张继、叶恭绰、头山满、犬养毅、梅屋庄吉、宫崎龙介等,全体中央委员、国府委员、葬事筹备委员、迎榇专员、18国专使等,均陆续来到中央党部。

凌晨4点在灵堂举行移灵礼,由胡汉民主礼,家属亲故、中央委员、国府委员、各特任官、葬事筹备委员、迎榇专员入内参加,专使在灵堂外等候。礼毕,家属亲故、中央委员、国府委员、奉安委员、迎榇专员、葬事筹备委员等扶灵出礼堂大门上汽车。

灵车启行后,由铁甲前导车开道,送殡各行列依次前进。灵榇经过沿线,从浦口江边到紫金山墓前,共搭设松柏、青白布牌楼 45 座。其中中央各机关设立 14 座,海外党部、华侨捐设 2 座,军队捐设 2 座,边疆、少数民族地区捐设 2 座,各省市政府捐设 25 座。这些牌楼的设置,先是由于山东省政府致电奉安委员会,请求代为办理,以表示地方上的敬意。奉安委员会于是通电各省一律做此要求。各省政府将款项汇交奉安委员会,各牌楼的具体设计、布置均由奉安委员会负责,但每座牌楼均标明捐资机构之名。这些素彩牌楼一路林立,俨然宣示着各省级政权对新生"党治国家"权威的敬谨臣服之意。

此外,陵园大道两旁的电线杆均悬挂各色花圈。墓前广场下半旗志哀。祭堂 3 个门均悬挂蓝、白绸质彩球,祭堂内用蓝底白边毛毡铺地,堂中间竖立"总理"遗像(坐像还未雕成),四周陈列家属、亲故、外宾所送花圈。

上午 8 点以后,送殡各行列先后到达墓地,由纠察员分别引导至指定地点肃立,陵墓石级平台一时万人攒动。国民政府军乐队、奉安灵舆及 108 名杠夫,亦在石级前广场等待。及至遗像亭到达墓地,全体人员于是脱帽、肃立、致敬。随后灵车缓缓而至,家属下马车,进入玄色布幔中,肃立于灵榇之侧。所有送榇人员亦由朱培德、孔祥熙指挥,各自肃立于指定地点。

孔祥熙、郑洪年、吴铁城率杠夫将灵榇上杠,起杠登石级。军乐队在前面奏哀乐,蒋介石、孔祥熙在灵前指挥,家属、戚属在布幔内步行而上。孙科、戴恩赛分领执绋人员在两旁扶灵前进,专使、故旧在右,中央委员、国府委员、特任官、迎榇专员、葬事筹备委员在左。灵榇至祭堂前大平台后,换用小杠,宣赞员宣赞,孔祥熙率杠夫昇灵榇缓步进入祭堂,家属、戚属、其余执绋人员均随灵榇入内。

灵榇停于祭堂中央后,各人依次就位肃立,奏哀乐,三鞠躬,献花圈,读诔文。由蒋介石在前排主祭,谭延闿、胡汉民、王宠惠、戴季陶、蔡元培在后排与祭。礼毕,孔祥熙率杠夫移灵柩进入墓门,家属戚属、中央代表蒋介石、故旧代表犬养毅、专使代表欧登科跟随进入,将灵柩安置于墓室中央的墓塘内。其时鸣礼炮 101 响,全体肃立,默哀 3 分钟。

安葬完毕,蒋介石、犬养毅、欧登科、家属、戚属先后退出墓室,各就原位肃立。祭堂内参加典礼人员依次进入墓室瞻仰。瞻仰完毕,全体人员集合,行三鞠躬礼,奏哀乐,然后由宋庆龄、孙科夫妇、戴恩赛夫妇等关紧墓门。至此,极其隆重庄严的奉安大典终于顺利告成。

奉安日当天,国民党控制范围内的各个城市北平、奉天、太原、济南、青岛、徐州、镇江、杭

图 5 - 7 孙中山灵榇移入祭堂,
中午 12 时,在灵堂举行公祭典礼

州、蚌埠、安庆、芜湖、汉口、福州、厦门无不停业休假,禁止宴会娱乐,举行盛大的奉安纪念大会,参加者动辄成千上万。

全程参与了孙中山奉安大典的杨杏佛,真切地感受到孙中山在海内外中华儿女心中的巨大威望,感受到世界各国对孙中山的尊重敬仰之情,内心跌宕起伏,久久难以平静。孙中山病逝已整整 4 年了,这期间,国民革命运动取得了巨大胜利,以孙中山亲手创建的黄埔军校学生军为主力的北伐进展迅速,仅用了 2 年多就取得胜利,南京国民政府形式上统一了全国。孙中山曾言,"'统一'是中国全体国民的希望。能够统一,全国人民便享福;不能统一,便要受害"①,这"统一"希望已得到实现。但国民党右派公然破坏国共合作,疯狂捕杀共产党员和国民党左派的现实,全国人民并没有享福,反而继续经受着战争的磨难。这与 17 年前,孙中山就任中华民国临时大总统时发出的"巩固中华

---

① 孙中山:《在神户与日本记者的谈话》(一九二四年十一月二十四日),《孙中山全集》(第十一卷),北京:中华书局,1986 年,第 373 页。

民国,图谋民生幸福""国内无变乱,民国卓立于世界,为列邦公认"①的就职誓言渐行渐远。这无不令杨杏佛感到前途迷茫。在内心纠结中,杨杏佛一遍遍重温着孙中山的教导,牢记孙中山"和平、奋斗、救中国""革命尚未成功,同志仍需努力"的遗教,更加坚定了实践孙中山振兴中华、救国为民的革命信念,向着更为高远的目标奋斗。

---

① 孙中山:《临时大总统誓词》(一九一二年一月一日),《孙中山全集》(第二卷),北京:中华书局,1982 年,第 1 页。

第 六 章
继承中山志　维民权遇难

杨杏佛坚持联俄、联共、扶助农工的三大政策,孙中山去世后,他成为左派中坚力量,逐渐成为以蒋介石为首的国民党右派势力的"眼中钉",最终遇难。

一　左派中坚

杨杏佛自 1912 年担任中华民国南京临时政府秘书处收发组组长开始,就深受孙中山的影响。袁世凯任临时大总统后,杨杏佛辞官不就,留学美国。学成归国后,继续追随孙中山,从事实业救国。

1923 年,杨杏佛在论述社会改造和政治革命的时候,曾把希望主要寄托于士农工商中的"士"和"商",两年后,在大革命风暴即将到来之时,他已经把完成民族解放大业的主要希望转向工农大众。这说明杨杏佛在思想意识上有了重要进步,要切实执行孙中山的新三民主义。

杨杏佛早年接触过马克思主义和一些共产党员,并深有好感,因此对孙中山的"三大政策"能够深切理解,并成为坚定支持者。从某个角度说:"孙中山逝世后,谨守孙中山的三大政策最坚决的是宋庆龄,全力支持宋氏的主要有三人,其一就是杨杏佛。"①

杨杏佛决心以孙中山之志为志,把孙中山"和平、奋斗、救中国"的遗教变为实际行动。他热情宣传孙中山联俄、联共、扶助农工的三大政策。他说"俄

---

① 马荫良:《怀念杏佛先生》,江西省政协、樟树市政协文史资料研究委员会编:《杨杏佛》,江西文史资料第三十八辑,北京:中国文史出版社,1991 年,第 130 页。

国是世界上革命学识经验最富的国家"，
"俄国是革命的政府，人民与政府都是革命
的，"①"是我们的好朋友"，②"劳工两界之
人数最多"，"最富血性，一旦奋起，必能为
中国政治改革添一种不可思议之势力"③。
因此，革命应"立足在农工无产阶级上面"，
按照中山先生的指导，为"四万万全民的公
利"而努力，"首先打倒绅士万能的迷信，以
人民的势力替代特殊阶级的权利，以联合
各阶级努力国民革命为起点，以消灭一切
阶级制度实现大同世界为目的"。杨杏佛
号召："一切被压迫的省民团结起来！一切
被压迫的阶级团结起来！一切被压迫的民
族团结起来！"④

因为孙中山的影响及国民党左派的支
持，杨杏佛更加坚定与共产党合作。由于
杨杏佛受孙中山人格魅力感召至深，他对
孙中山甚至到了盲从的地步。

1925 年 5 月，杨杏佛参加中国共产党
上海党组织举办的"马克思诞辰 107 周年

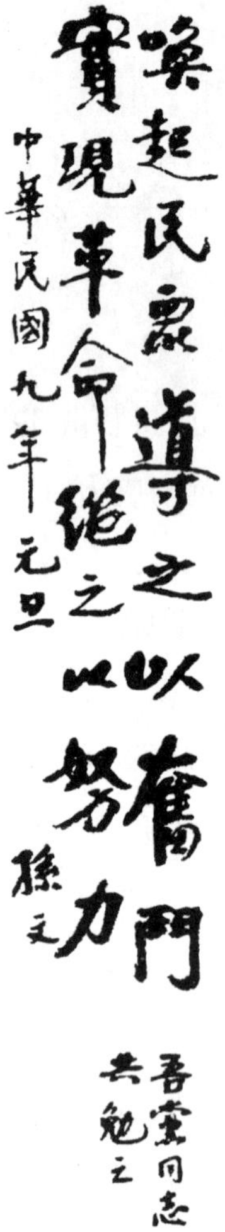

图 6 - 1 1920 年元旦，孙中山勉励
中国国民党党员的题词

---

① 杨杏佛：《思想的惰性——为中南晚报新年增刊作》，《杨杏佛文存》（民国丛书第三编
84），第 33—34 页。

② 杨杏佛：《中山先生几个伟大的观念》，《杨杏佛文存》（民国丛书第三编 84），第 41 页。

③ 杨杏佛：《社会自救与中国政治之前途》，《杨杏佛文存》（民国丛书第三编 84），第
17 页。

④ 杨杏佛：《中山先生几个伟大的观念》，《杨杏佛文存》（民国丛书第三编 84），第 39、
41 页。

纪念会"，并在会上作报告，介绍马克思主义阶级斗争学说。

"五卅惨案"发生后，全国人民展开了反对帝国主义的英勇斗争，民族矛盾又一次严重化了。在这个时候，作为孙中山信徒的杨杏佛，已不再是坐而论道，而是以战士的身份出现于民族斗争的前沿。

6月10日，杨杏佛以高昂的爱国热情创办了《民族日报》。虽然他患有肺病，但仍然不顾疲倦，从撰写社论到编排校对，都亲自动手，每天工作到深夜。在短短半个月内，他带病撰写了20余篇评论，向穷凶极恶的英、日帝国主义及其走狗军阀政府发起了猛烈的抨击。

他在发刊词中宣布，《民族日报》的使命是"以孙中山先生之民族主义，为国人之暮鼓晨钟、明灯木铎"，并在社论中号召人民组织起来，对英、日帝国主义"实行经济绝交""废除一切不平等条约"①，指出"中国民众惟有自动的努力，民众革命打倒帝国主义，民族才可独立"②。

图6-2　杨杏佛编印《国人力争英庚款主权之言论》

与此同时，他还批评一些以"和事佬"姿态进行调解的"高等华人"是"两面派"，把对惨案的交涉视作"做买卖"。他热情赞扬工人罢工、市民罢市，说他们的行动表现出"慷慨愤激勇往直前的精神，大有气吞英日帝国主义的决心"③。《民族日报》的宣传，有力地鼓舞了上海人民反帝爱国斗争。

但和其他爱国进步报刊的命运一样，仅仅出版半月，便被帝国主义和反动军阀

---

①　杨铨：《民族日报发刊词》，《杨杏佛文存》（民国丛书第三编84），第191页。

②　杨铨：《对于上海市民大会的感想》，《杨杏佛文存》（民国丛书第三编84），第193—194页。

③　杨铨：《对于上海市民大会的感想》，《杨杏佛文存》（民国丛书第三编84），第193页。

强令停刊。

7月23日,国民党进步人士朱季恂写信给老师柳亚子说:"杏佛很可靠,不像(戴)季陶等无力战胜环境,而反随环境转移的。"①在此情况下,中国共产党也积极争取杨杏佛为自己的合作伙伴。

广东国民政府成立后,杨杏佛还担任国民党中央上海政治分会委员,并参加戴季陶所发起的孙文主义学会上海分会。但是他的主张和戴季陶不同,戴季陶积极鼓吹"分共",而杨杏佛坚持主张继承孙中山的遗教,实行联俄、联共、扶助农工的三大政策。

1925年9月,中共中央为了救济"五卅惨案"的烈士和受伤者的家属,并"促进全世界被压迫民族及被压迫阶级间之友谊与联合"②,决定组织国际济难总会中国分会即中国济难会。参加发起的有著名共产党员恽代英、沈泽民、沈雁冰、侯绍裘、张闻天、杨贤江等。

杨杏佛和叶圣陶、周予同、郭沫若、郑振铎等知名进步人士受邀参加发起工作,并与鲁迅等进步人士交往密切。后来杨杏佛还被选为该会的审查委员。在宣言上签字的国共两党党员有150余人。济难会的成立,巩固了国共合作。

图6-3 杨杏佛与鲁迅

1926年元旦,国民党二大决议声讨和处理反对国共合作的西山会议派,杨杏佛虽未参加国民党二大,但他为国共继续合作感到非常高兴。3月12日,孙中山逝世周年纪念会上,针对有人发表歪曲孙中山三大政策、攻击中国

---

① 杨宇清:《杨杏佛传》,江西省政协、樟树市政协文史资料研究委员会编:《杨杏佛》(江西文史资料第三十八辑),北京:中国文史出版社,1991年,第61页。

② 《济难会发起宣言》,《申报》1925年10月3日,第14版。

共产党的演说,杨杏佛针锋相对,加以驳斥。[1]

1月,国民党上海特别市党部执行委员会秘密成立,杨杏佛被选为执行委员,执委还有恽代英、沈雁冰等共产党人,杨杏佛兼任宣传部部长,主持策应北伐军的工作。

1月17日,杨杏佛在上海市中国济难会总会成立大会上发表演说,慷慨陈词,阐述发起济难会的意义,指出:"吾济难会的目的,在表同情于民族解放之人,而予意尤当注意工农。"[2]

杨杏佛对资本主义和工农等问题的看法几乎和中共完全一致,这成为双方合作的坚实基础,即使是在孙中山逝世后,国民党右派激烈反对国共合作的情况下,杨杏佛也从未动摇,并且说:"革命本是自动的牺牲。"[3]

8月27日,北伐军叶挺独立团胜利攻占汀泗桥,吴佩孚部队从此溃不成军。广州一片欢呼,大街小巷贴满了革命标语口号。同期,在广州召开的中国科学社第十一次年会上,杨杏佛提出"革命家要科学化,科学家要革命化"的口号。次年在上海召开的中国科学社第十二次年会上,杨杏佛更进一步提出用"三民主义"思想指导科学,他说孙中山"为医学家,由研究生理及物质科学,进而研究社会科学,创立'三民主义'",因此国民革命"实为科学之应用";"科学社同人之从事科学事业,实多得总理之感化",自从去年广州年会以来,科学

图6-4　杨杏佛穿着骑马服在上海留影

---

① 杨铨:《回忆》,《杨杏佛文存》(民国丛书第三编84),第43—46页。

② 《济难会游艺会记》,《申报》1926年1月18日,第15版。

③ 杨铨:《烦闷和觉悟》,《杨杏佛文存》(民国丛书第三编84),第48页。

与革命"关系乃益密切,中国之科学家与革命家至是乃入订婚时期,此后当联合谋中国之改造,今订婚一年,吾人甚盼早日结婚,而产生一自由平等之新国"。[①] 年会还预定国民革命军北伐成功之时改造东南大学。

此后,杨杏佛主动接受了国民革命军司令部安排的一项特殊任务:在上海孙中山葬事筹备处设立电台,提供情报,为北伐军担任通讯工作。上海被拥兵20万的孙传芳所控制,因此这是一项非常危险的工作。

杨杏佛临危不惧,从广州赶赴上海承担起策应北伐军的秘密工作。他在孙中山葬事筹备处所在地架设了一座秘密电台,将沪宁、江浙一带的情况每天电告北伐军指挥部。广州方面根据杨杏佛提供的情报,作出正确的决策。

这部秘密电台仅工作几个月,便被孙传芳的电台侦听小组发现了踪迹,孙传芳亲自下令,借法租界巡捕房之手逮捕杨杏佛,准备引渡,择日处决。宋庆龄听闻此事后立即采取营救行动,多方周旋,请著名女律师郑毓秀,到法租界交涉,杨杏佛很快就被释放。

图 6-5　孙中山手书"今后之革命非以俄为师断无成就"

11月12日,是孙中山诞辰纪念日。杨杏佛为《中国晚报》纪念孙中山诞辰专刊所写《中山先生几个伟大的观念》一文,就针对国民党右派的分裂行为,

---

① 《中国科学社第十二次年会记事》,《科学》第 12 卷第 11 期,1927 年,第 1626—1627、1624 页。

宣传孙中山的"伟大观念",强调"中华民族是整个的,不是分散的,国民革命的成功,惟有全国民众参加方能实现",指出孙中山的革命是以"联合各阶级努力国民革命为起点,以消灭一切阶级制度实现大同世界为目的"。①

杨杏佛不但从理论上表示赞同孙中山联俄、联共、扶助农工的三大政策,而且在实践中身体力行。国民革命军北伐时,国民党在上海的负责人吴稚晖、钮永建均为右派,反对工人总同盟罢工,在对待工人武装起义上步步向右,而杨杏佛却始终坚持左派立场。随着革命形势的发展,杨杏佛与国民党右派之间的分歧日趋明朗和尖锐。

1927年1月1日,杨杏佛为《中南晚报》新年增刊撰写《思想的惰性》一文,批判思想界顽固守旧的积习,积极宣传孙中山联俄、联共、扶助农工的三大政策。当国民党右派叫嚣"分共"、反苏时,杨杏佛挺身而出,指出向苏俄(苏联)学习革命经验是无可非议的事,"俄国是世界上革命学识经验最富的国家……习其所长,正是孔子'择其善者而从之'的意思"。②

3月5日,周恩来到上海召集中共特别军委会议,部署第三次工人武装起义,杨杏佛作为国民党特别市党部代表参加了这次国共联席会议,并被提名为上海市民大会15人主席团成员。杨杏佛同共产党人周恩来、汪寿华等配合,在国共两党之间传递信息、沟通意见,积极支持上海工人发动第三次武装起义。

3月12日,孙中山逝世两周年纪念日,细雨蒙蒙,仿佛寄托着哀思,上海各界代表和国民党党员数百人到孙中山故居致祭。杨杏佛在纪念会上发表演说,一方面回忆自己在北京亲侍总理逝世时的详细情形,一方面号召一切孙中山信徒与国民革命将士,按照孙先生遗嘱,团结努力,打到北京去,以扫除国内一切军阀和帝国主义势力③。后来他将此内容写成《回忆》一文在报纸发表。

---

① 杨铨:《中山先生几个伟大的观念》,《杨杏佛文存》(民国丛书第三编84),第37、39页。
② 杨铨:《思想的惰性》,《杨杏佛文存》(民国丛书第三编84),第33页。
③ 杨铨:《回忆》,《杨杏佛文存》(民国丛书第三编84),第43—46页。

3月21日,上海工人第三次起义终于取得胜利,北伐军进入上海。杨杏佛得到国共两党的认可,威望很高,成为市长的热门人选。蒋介石指使亲信陈立夫和陈果夫不让杨杏佛担任上海市市长。杨杏佛当选为上海临时政府常务委员,但还是积极参加有关活动,如为支持国民革命军北伐的募捐。

杨杏佛认为"由于国共合作,北伐战争得以顺利进行,这是孙中山三大政策的胜利"①。这种鲜明的革命立场引起了各界的重视,巴黎《救国时报》发表文章,赞扬上海工人起义是"国共合作所造成的伟大胜利",并以整版的篇幅介绍周恩来、罗亦农、赵世炎、汪寿华、杨杏佛五人的事迹,称颂他们是"一切民族革命者的楷模";同时称赞杨杏佛作为国民党的代表,在"协调国共关系上尽了很大的努力,实为有功于上海起义之人物"。②

以国共合作为基础的北伐战争进展迅猛,上海工人起义使杨杏佛看到了当年由孙中山一手推动的国共合作的美好前景,在他准备在这条救国探索之路上继续深入走下去的时候,突然乌云密布。

图6-6 1927年3月29日,杨杏佛(右三)参加上海特别市临时政府就职典礼时的委员合影

---

① 马荫良:《怀念杨杏佛先生》,《杨杏佛》(江西文史资料第三十八辑),第125页。
② 许为民:《杨杏佛年谱》,《中国科技史料》第12卷第2期,1991年。

4月12日,蒋介石在上海发动反革命政变,大肆屠杀共产党人和进步人士,也让国民党内部左右两派的裂痕公开化。对于蒋介石的倒行逆施和国民党的分裂,杨杏佛忧心忡忡地说:"革命的前途现在依旧是很黑暗,中国民众仍在水深火热之中。"①

杨杏佛不顾国民党内部友人的劝告,冒着生命危险继续与共产党派驻上海地下组织领导人余泽鸿等人保持密切联络,以中国济难会的名义,通过各种途径,极力接济和营救被捕的革命者,帮助不少共产党人躲过危机。

杨杏佛的正义行动,遭到了国民党右派分子的憎恨,很快被撤销了国民党上海市党部执行委员的职务。蒋介石派陈果夫、陈立夫把持上海的党政大权,并且指使其爪牙散布谣言说杨杏佛是共产党员。

蒋介石还指令上海市警备司令杨虎,趁杨杏佛去龙华总指挥部工作时,加以扣押,准备与被捕的共产党员一起枪决。幸巧杨杏佛遇其邻居——国民党左派重要人士郭泰祺,经多方营救才得以脱险。

杨杏佛的葬事筹备处主任干事一职就是在此背景下被免的。右派分子为了抓住他的把柄,曾派"大员"审查过葬事筹备处的所有账目,但没有找到任何差错。杨杏佛廉洁奉公、两袖清风,使那些加害于他的政敌无可奈何。

二　教育救国

杨杏佛虽然仍在为孙中山葬事忙碌,但因国民党内部权力格局的变化,身为国民党

图6-7　杨杏佛任中华民国
大学院副院长留影

① 杨铨:《烦闷和觉悟》,《杨杏佛文存》(民国丛书第三编84),第49页。

左派的他逐渐被掌权的国民党右派边缘化。

杨杏佛极力想为国服务,早日实现孙中山的革命理想。他忠于孙中山所创建的国民党,"一切出于大公",努力工作。国民党一会儿在张静江、吴稚晖、宋子文等人推荐下请他担任清理轮船招商局的工作,一会儿又任命他与吴稚晖、李石曾、蔡元培、邵元冲、陈果夫等同为中国国民党上海党务训练所指导委员。

然而,他看到的是国民党内部的纠纷,使许多应做的革命和建设工作都停顿下来。特别是看到帝国主义与军阀势力及腐败官僚又勾结起来,向革命猖狂进攻,仿佛向刚沸腾的水锅里浇了一大盆凉水,令许多革命青年感到失望,杨杏佛的心情同样异常苦闷,对中国革命形势的逆转感到不满和痛苦,撰写《烦闷和觉悟》一文,还作诗《牺牲与堕落》一首,表达了其热情于革命而又无奈的矛盾心情。

但他想起孙中山"致力国民革命凡四十年",一生坚持"吾志所向,一往无前,愈挫愈奋,再接再厉"。于是杨杏佛从政治的悲观情绪中走出,将注意力转回到教育方面,他认为要改造中国,首先应当改造教育。

1927年5月,国民党中央政治会议第19次会议决定,遵照孙中山北上前提出的设立中央学术院的主张,设立中央研究院筹备处,由蔡元培、李石曾、张静江任筹备委员。10月,大学院成立,蔡元培为院长,杨杏佛为教育行政处主任,后为副院长。11月,中央研究院筹备委员举行会议,通过《中华民国大学院中央研究院组织条例》,明确规定"中央研究院直隶于中华民国国民政府,为中华民国最高学术研究机关"①,以大学院院长蔡元培兼任研究院院长,杨杏佛兼任秘书长。

---

① 《中华民国大学院中央研究院组织条例》,《大学院公报》第1年第1期,1928年1月,第63页。

图 6 - 8　1934 年,蔡元培(前排左三)等在工程研究所合影

1928 年 4 月,大学院改为国立中央研究院,蔡元培被任命为院长,杨杏佛为总干事。这一时期杨杏佛主要致力于教育、科研的管理工作。蔡元培赞扬他在工作中"精悍而机警,正可以他之长补我之短"①。

短短两年时间,杨杏佛就为中央研究院主持成立了社会科学、心理学、历史学、气象学、天文学、地质学、工程、化学和物理共九个专门学科的研究所和一个博物馆。

杨杏佛推崇蔡元培学术自由、民主治校、重视人才的思想,积极开展相关工作,吸引了一大批专业素质过硬的爱国科学家和学者加入中央研究院,从事科研与教育工作。

1930 年初,中国工商管理协会成立。孔祥熙为理事长,杨杏佛、刘鸿生、荣宗敬、潘序伦等人为常务理事。中国工商管理协会的成立,对于中国管理科学的推广具有重要意义,在此之前,研究和传播管理科学只是小规模的、个别的、零星的。中国工商管理协会的成立,积聚了政府、学术界、实业界的力量,

① 蔡元培:《蔡元培自述》,郑州:河南人民出版社,2004 年,第 140 页。

图6-9　杨杏佛一家和蔡元培等为马相伯祝寿（前排右起：
吴稚晖、杨小佛、马相伯、于右任、蔡元培；二排右一
杨杏佛夫人赵志道；三排右一杨杏佛）

传播和推广管理科学，成为一种政府机构大力提倡的、有组织的、有影响力的活动，为在中国大规模地宣传、普及科学管理思想提供了有力的支持。自此以后，杨杏佛利用中国工商管理协会这一有利平台，积极开展管理科学的宣介工作。

首先，主持编印科学管理丛刊，积极出版科学管理著作。如：中国工商管理协会于1930年出版了《科学管理法的原则》，1931年出版了《科学管理的实施》以及《工商问题的研究》等。其次，杨杏佛积极参与创办《工商管理月刊》，把管理科学理念推向全社会。再次，杨杏佛还提出，要注重管理人才的培养，并参与创办中国工商管理补习学校，通过补习学校，积极推广科学管理思想。杨杏佛在中国工商管理协会工作期间，做了大量工作，对于传播与推广管理科学起了巨大作用。在民国现代化进程中，管理科学的传播和推广是重要步骤，杨杏佛等留学生不仅把管理科学思想传入中国，还通过中国工商管理协会这个平台，借助政界、学术界、实业界的力量，向国人全面普及管理科学。杨杏佛对中国管理科学的宣传介绍，对于中国管理科学的现代化起到积极推动作用。

杨杏佛对中央研究院的管理既科学又严格。为减少"人情面子"带来的麻烦,他规定所有行政人员一律实行本人签名的上下班考核制度。中央研究院的工作人员都比较怕他,从不敢违反任何纪律。杨杏佛虽然在工作管理上以严格著称,但日常与同事们的相处很融洽,大家觉得他平易近人、和蔼可亲。

三 夫妻离婚

杨杏佛经历着事业坎坷的同时,家庭的风波依然延续。

1924 年,杨杏佛离开东南大学,举家迁至上海霞飞坊 5 号,一切安顿好后,生活安逸,还请了能干的女佣范妈,打理家务。赵志道更是无所事事,猜疑之心更甚。杨杏佛却恰恰相反,离开南京后,他担任了孙中山的秘书,日夜忙碌,顾不上回家。

孙中山在北京逝世后,杨杏佛又忙于治丧事宜,更是难得回家。在担任孙中山葬事筹备处主任干事期间,主持筹建中山陵,时局复杂、工作繁重,近乎没有空闲时间。

杨杏佛在担任中央研究院总干事期间,不但协助院长蔡元培处理大量具体事务,还与宋庆龄、蔡元培、鲁迅、史沫特莱等

图 6‑10 杨杏佛与赵志道在湖畔留影

人一起成立了"中国民权保障同盟",专事营救被捕的中共党员和进步人士,曾成功地营救了廖承志等人。

这一切,使得 30 多岁的杨杏佛成为风云人物,得到中国共产党及社会各界人士的认可和尊重。杨杏佛脸上长有不少痘斑,被人称为"杨麻子",但他很

有才气,交际也很广泛,与国民党要人、留学同窗关系密切,而且与一般的文人骚客及时尚名媛也经常往来,难免产生一些坊间花边绯闻。这引起了夫妻间的猜疑,终于导致离婚。

赵志道的这种"猜疑",一方面是源于传统观念中对丈夫爱的独占,另一方面则是源于她对丈夫的不信任和妒忌,有时甚至会产生一种恐惧心理,担心丈夫的成功和社会地位会引起某些异性的倾慕与追逐,担心丈夫会经不起诱惑,弃她而去。

赵志道开始注意丈夫的行踪,与什么人在一起。丈夫回来后,还喜欢刨根问底,盘问丈夫与某某女士是否约好一起去的,有没有"出轨"行为,等等,搞得劳累一天的杨杏佛异常烦恼,有时忍不住就会与她大吵一顿。

1930 年 4 月底,杨杏佛应邀到浙江莫干山参加一条公路的开通典礼,与会的除

图 6 - 11　1929 年 1 月,杨杏佛赠赵志道签名照

浙江省政府官员,还有一对名人夫妇,是杨杏佛、赵志道的老朋友。赵志道看到报纸上的新闻报道和图片,对丈夫大发脾气,怀疑杨杏佛与那位夫人约好了一起去莫干山的。

这真是无中生有,冤枉好人。杨杏佛竭力申辩,继之两人发生争吵,最后,赵志道拎起提包,甩门而出。杨杏佛则连夜找遍上海各大饭店,最后在沧州饭店找到她。好言劝她回家,她就是不愿回家,还说她已付了一月的房钱定金,要住满一月,消了气,再回家,杨杏佛只得由她去了。

杨杏佛的这种忍让、宽容,并没有使妻子消除猜疑的心理,反而是愈演愈烈,甚至还猜疑起孙夫人宋庆龄,这就使杨杏佛忍无可忍了。

杨杏佛非常敬仰孙中山的伟大人格,同时也非常敬佩宋庆龄的高尚品德。

宋庆龄则非常欣赏杨杏佛坚持孙中山的三大政策,具备忘我的工作精神。宋庆龄认为,杨杏佛是一位值得信赖的战友。因此,当赵志道无中生有、捕风捉影地猜疑宋庆龄时,自然会引起杨杏佛的愤怒。遗憾的是,即便这样,赵志道依然我行我素,一意孤行。她甚至趁丈夫到南京中央研究院总部工作期间,花钱请锁匠配了钥匙,到设在上海的中央研究院出品部国际交换处,打开丈夫办公室的抽屉,将杨杏佛收到的信件全部拿走,其中就有好几封宋庆龄从德国写给杨杏佛的信。

赵志道看到宋庆龄在信中谈的大多是如何维护和继承孙中山的三大政策,如何反对蒋介石的独裁统治等革命工作,还谈到在德国治病休养的情况。让她始料未及的是,宋庆龄在信中希望杨杏佛"将全家带到德国来,首先因为可从德国的政治和经济学到许多适合于中国建设的东西,其次这里是生活费最低的国家,德国人民对外国人非常民主和友好"①。宋庆龄还希望杨杏佛和"夫人一起到欧洲来",帮助她"在欧洲设立一家中国新闻机构"。②

国民党右派为了诋毁宋庆龄,也制造些男女绯闻。赵志道在信中看到了宋庆龄的坦荡胸怀和高贵品格,终于驱除了心中对宋庆龄的猜疑。然而,流传到社会上的猜测和流言却仍一直困扰着杨杏佛。

再说赵志道虽然排除了对宋庆龄的猜疑,但她对丈夫仍然不依不饶,甚至不顾场合地胡乱指责杨杏佛与其他女人有染,闹得杨杏佛下不了台,令周围朋友有些尴尬。杨杏佛回忆起与赵志道从相识相恋到结婚,幸福是如此的短暂,难道婚姻就是爱情的坟墓?毕竟 10 多年的夫妻,还生了 4 个孩子,最小的儿子才出生不到一岁,但为了孩子,为了夫妻一场,他还是克制着自己。

终于有一天,杨杏佛在遭受妻子又一次的无端猜疑和激烈争吵之后,终于忍受不住了,愤怒地写了一篇《不自由毋宁死》的宣言,发表在《申报》上,表明了自己与赵志道离婚的态度。紧接着,就委托吴经熊律师帮助他们办理离婚

①　《宋庆龄 1928 年 8 月 21 日致杨杏佛函》,《啼痕——杨杏佛遗迹录》,第 208 页。
②　《宋庆龄 1929 年 11 月 26 日致杨杏佛函》,《啼痕——杨杏佛遗迹录》,第 216 页。

协议。而此时,赵志道已怀孕待产。

　　吴经熊律师是杨杏佛与赵志道的好朋友,对他们的婚姻状况非常清楚,对杨杏佛充满了同情。他决心帮助杨杏佛摆脱这桩痛苦的婚姻。怀有身孕的赵志道,从律师谈话中得知丈夫要离婚,感到十分意外,她觉得,哪家夫妻不吵架? 她与杨杏佛是整整 10 多年的夫妻了,怎么能说离就离呢? 她表示坚决反对离婚。

　　吴经熊是个很有经验的律师,他摸透了赵志道的好胜心理。第二次,同她谈话时,采用了"激将法",吴经熊以同情的口吻说道,任何夫妻离婚后,女方在独立生活时,经济收入和生活条件必会大受影响,因此,他很同情赵志道不愿离婚的想法。赵志道果然中计,听了此话,立刻气愤异常,说:"我倒不信,离婚后的经济收入和生活会出问题。我从来就不做男人的寄生虫,离就离吧!"①

图 6 - 12　1932 年,杨杏佛(右一)与赵凤昌(左一)、赵媳王季淑(左二)、赵志道(左三)及幼子在惜阴堂前合影

　　吴经熊见赵志道同意离婚了,不免产生同情之心,转而尽力为赵志道及其孩子日后的生活谋划好。他要保证她们母子三人的生活不低于原来的水平。经吴经熊两头奔波,双方最终协议离婚的条件如下:(一)杨杏佛迁出分居,但

---

① 葛昆元:《杨杏佛和赵志道终曲终人散》,《世纪》2010 年第 1 期。

继续来往关心;(二)杨杏佛的工资半数归赵志道;(三)霞飞坊 5 号(杨家住宅)房租、水、电、电话等账单一律由杨杏佛支付;(四)万兴食品店、公泰水果行、美丰牛肉店的凭折取货的结账单由杨杏佛支付。杨杏佛是位有情有义之人,对此离婚协议自然没有意见。

1931 年 2 月上旬,赵志道入医院待产,3 月 5 日次子出生,杨杏佛为之取小名阿难,大名杨澄。鉴于二女早夭,杨澄出生时又患病,杨杏佛望着襁褓中的次子,安慰赵志道:"请安心照顾阿难,此子貌厚,绝非夭折者,我敢断言也。"①

在 1931 年 3、4 月间,杨杏佛离开了家,暂时住在亚尔培路(今陕西南路)331 号中央研究院出品部国际交换处的办公室里。

杨杏佛是个重然诺的人,离婚后,差不多每个星期日都到霞飞坊 5 号来看望两个儿子和赵志道。有时,还带长子小佛外出访友,或到公园游玩。并且按时奉上半个月的工资,支付母子三人的各种开支。两个人相见,倒反而像好朋友一样,没有埋怨,没有猜疑,也没有架好吵了。

不过,这种平静祥和的日子维持了只有两年多。其实,赵志道对杨杏佛的"猜疑",还与政治环境有关,杨杏佛做的许多事情是保密的,不便告诉妻子。

图 6‑13　1932 年,杨杏佛与其子杨小佛在上海兆丰公园,这是二人最后一张合影

---

①　《宋庆龄 1931 年 9 月 16 日致赵志道函》,《啼痕——杨杏佛遗迹录》,第 290 页。

四　保障民权

蒋介石操纵的国民党当局抓不到杨杏佛的把柄，又慑于他的声望，便转而笼络他。杨杏佛迫于压力，其思想和言行略微发生转变，加入蒋介石政府的非重要部门任职。蒋介石在杨母去世时亲自送幛祭奠，以表示哀悼及对杨杏佛的敬重。

严酷的斗争和亲身的经历，使杨杏佛逐渐认清以蒋介石为首的新老右派已完全背离孙中山的遗教。于是，他一面以学者身份进行公开活动，一面又秘密参与反对国民党右派的斗争，与宋庆龄并肩营救邓演达、牛兰夫妇等人。

邓演达生于 1895 年，曾参加黄埔军校筹建，是蒋介石的得力助手。邓演达支持共产党革命主张，在蒋介石发动四一二反革命政变后，发表《讨蒋通电》。"宁汉合流"后，邓演达辞去国民革命军总政治部主任等职，秘密出国前往苏联。1927 年 11 月 1 日，邓演达与宋庆龄、陈友仁在莫斯科发表《对中国及世界革命民众宣言》，宣布成立中国国民党临时行动委员会，开始反蒋斗争。

1930 年，邓演达乘中原大战之乱回国，在上海积极行动。为继续贯彻孙中山联俄、联共、扶助农工的三大政策，于 8 月 9 日借用音乐家黎锦晖的住宅秘密成立了中国国民党临时行动委员会（中国农工民主党前身），并联络各方面的反蒋力量，准备以武力推翻蒋介石的统治。蒋介石对邓演达既恨又怕，派王柏龄到上海，会同上海警备司令部，勾结上海租界当局，悬赏 30 万元缉捕邓演达。

杨杏佛积极支持邓演达，秘密参加了中国国民党临时行动委员会，并把此事写信告诉了宋庆龄。从时间上看，杨杏佛与赵志道分居，搬到中央研究院出品部国际交换处办公室，恰在临时行动委员会成立之后。1931 年春，二人正式离婚，杨杏佛继续进行他的秘密工作。

1931 年 6 月，蒋介石特别带上杨杏佛前往江西，实地考察苏区红军现状，想为"剿共"提供舆论支持，加强反共宣传。杨杏佛表面服从，内心决定不做御用学者，他采取"阳奉阴违"的态度，置身当前政治之外，客观报道中国共产党领导下的红军成长和战斗历史。

　　杨杏佛回到南京后写成《赤祸与中国之存亡》一文,并译成英文,题为《中国共产党现状》。虽然在考察报告的题目和行文语气中以国民政府知名学者的口吻出现,但真实地反映了中国共产党的现状与红军的真实情况,成为巧妙打破国民党新闻封锁,又客观地向外透露苏区情况的奇文。

　　文章发表后,引起极大反响。美国记者斯诺看到这篇报道后,激发了去苏区采访的强烈愿望。蒋介石与其爪牙们非常震怒,国民党下令,将刚刚印好、尚未全部分发的中文合订本收缴销毁。

图 6-14　中年杨杏佛

　　杨杏佛赴江西前,曾与邓演达、蔡元培商定拟借赴赣的机会,策应十九路军共同建立对应于宁粤双方的第三势力。8 月,杨杏佛代表蔡元培再到江西,赴吉安与陈枢铭密商,想借助蔡元培的政治威望、邓演达的群众基础和陈枢铭的军势力量,三方合作建立第三势力以控制整个局势。① 联络暗语等具体事宜已经约定,但此事因邓演达被捕及九一八事变爆发而作罢。

　　8 月 17 日,邓演达在上海愚园路被捕。蒋介石欣喜若狂,急令将邓解往南京。邓演达开始关押在南京羊皮巷军政部军法司的"优待室"里,后来,蒋介石得知临时行动委员会中央和黄埔军校革命学生准备武装营救邓演达,急忙把邓秘密移到富贵山炮台废址中严密囚禁起来。

　　在邓演达被捕前两个月,牛兰夫妇在上海被捕。牛兰本名雅科夫·马特维耶维奇·然德尼科,1894 年 3 月出生在乌克兰,一战期间被送到圣彼得堡军事学校学习,1917 年 2 月加入布尔什维克,担任芬兰团的政委,十月革命时曾率队攻打冬宫。1918 年被推选参加"契卡"(苏联情报机构克格勃的前身),成为一位执行秘密任务的地下工作者。共产国际与苏共为加强远东地区的情

---

　　① 　陈铭枢:《陈铭枢回忆录》,北京:中国文史出版社,1997 年,第 74 页。

报工作,于 1927 年派遣他到中
国。随后他携带大量现金以经
商为由到欧洲"漂白"身份,其间
来过上海经商探路,一直到 1929
年才在上海定居。公开身份是
泛太平洋产业同盟上海办事处
秘书,秘密身份是共产国际远东
局联络员,负责管理秘密电台、
交通及经费等事项,牛兰是他在
中国所用的许多化名之一。因

图 6 - 15　宋庆龄、杨杏佛与牛兰夫妇
的辩护律师琼·文森夫妇

共产国际信使约瑟夫在新加坡被捕(一说由于中共中央特科负责人顾顺章叛
变),牵连到他,因此被上海英租界当局逮捕,不久引渡给国民党军事当局。

　　杨杏佛得知邓演达及牛兰夫妇被捕后,心急如焚,他马上找到才从德国回到
上海参加母亲倪桂珍葬礼的宋庆龄,不仅谈到日本对中国的挑衅和侵略,还谈到
蒋介石将主要精力用来"围剿"共产党。面对残酷的现实,宋庆龄感到有责任为抗
日、为民主自由、为拯救那些备受酷刑的"政治犯"而留在国内与右派分子斗争。

　　有宋庆龄领导,杨杏佛十分高兴,当即表示愿多承担些具体工作,以得到国
内外舆论的广泛支持,从而宣传抗日、争取人民民主、救援邓演达等"政治犯"。
杨杏佛的观点得到宋庆龄首肯。此后,杨杏佛经常陪同宋庆龄外出活动。

　　在杨杏佛多方努力营救邓演达的同时,蒋介石则在多次诱降邓演达。蒋
介石深知在邓演达身上捞不到任何口实,所以始终未加审讯,只是要他放弃自
己的政治主张,解散临时行动委员会。蒋介石曾企图诱请邓演达出面调解,许
以中央党部秘书长或总参谋长等职,任其选择,但都被邓演达拒绝。

　　后来,戴季陶向蒋进言说:"今天可怕的敌人,不是汪精卫、陈济棠,真正能
动摇政府根基,分散黄埔力量的,只有邓演达一人。"何应钦、何键、何成濬等也

图 6-16　1932 年 4 月 4 日,宋庆龄偕杨杏佛(左一)、弟弟宋子安(左三)和秘书黎沛华(右二)等同游上海闵行时留影。宋子安怀中幼儿即牛兰夫妇之子吉米

联名致电蒋介石,要求杀邓演达,说:"此人不杀,不足以安天下、慰党国。[①]"至此,蒋介石下了杀邓演达的最后决心。

1931 年 11 月 24 日,宋庆龄专程从上海赶来南京,探望邓演达。然而,11月 29 日夜间,蒋介石派他的卫队长王世和带领几名卫兵,把邓演达押至南京麒麟门外沙子岗秘密杀害,年仅 36 岁。

杨杏佛并没有因为邓演达被害而退却,他继续为营救牛兰夫妇而努力。1932 年 7 月 11 日,宋庆龄、杨杏佛、斯诺以及其他中外知名人士发起组织成立营救牛兰夫妇委员会。经与国民党司法当局交涉,由宋庆龄担保牛兰夫妇到南京鼓楼医院就医。

10 月 15 日,陈独秀在上海被捕。23 日,杨杏佛、蔡元培、柳亚子等人致电国民党中央和国民政府要求释放陈独秀。虽然受到国民党当局警告,杨杏佛依然积极营救。

许多为挽救民族危亡而斗争的人被逮捕甚至惨遭杀害,有识之士感到无比愤怒,纷纷表示要与国民党反动派做斗争。1932 年 12 月,宋庆龄、蔡元培、

---

①　丘挺、郭晓春:《邓演达生平及思想》,兰州:甘肃人民出版社,1985 年,第 164 页。

杨杏佛、黎照寰、林语堂等人发起组织中国民权保障同盟。12 月 29 日,蔡元培、杨杏佛代表同盟在上海举行中外记者招待会,正式宣告同盟成立,宋庆龄任主席,蔡元培任副主席,杨杏佛任总干事。同盟的任务是援救一切爱国的革命的政治犯,争取人民的出版、言论、集会和结社自由。同盟

图 6-17　中国民权保障同盟部分成员合影。右起:宋庆龄、杨杏佛、黎沛华(宋秘书)、林语堂、胡愈之

办公地设在上海法租界亚尔培路 331 号中央研究院出品部国际交换处。

民权保障同盟成立后,总干事杨杏佛,坚决反对国民党政府非法逮捕和监禁爱国人士,组织营救了不少被关押的共产党人和爱国志士,成为自由与民权的坚决维护者。曾设法营救的被捕进步教授有许德琦、侯外庐、马哲民等,营救被捕的共产党人罗登贤、廖承志、陈赓等,所有这些活动,杨杏佛都亲自参加,精心组织,全力以赴。正是民权保障同盟所进行的正义斗争,揭露了国民党的反动统治,引起了他们的忌恨。

在民权保障同盟,杨杏佛与鲁迅、史量才等人结下深厚的友谊;也因为政见不同,与一些人发生争执,成为陌路,其中与多年老友胡适因"释放一切政治犯"针锋相对,而渐行渐远,最终分道扬镳。

五　遇害身亡

1933 年 1 月,杨杏佛在《东方杂志》"新年的梦想"特号上写道:"我梦想未来中国应当是一个物质与精神并重的大同社会,人们有合理的自由,同时有工作的义务,一切斗争的动机与力量应用在创造与服务方面。物质的享用应当

普遍而平等。"①自由、平等、博爱，这是孙中山毕生革命的奋斗目标，杨杏佛坚定地践行着。但是，国民党的黑暗统治已不允许他施展抱负了。

早在1931年，杨杏佛受蒋介石之命赴江西苏区撰写的报道文章《赤祸与中国之存亡》，真实地报道了中国共产党的情况，蒋介石看后怒火中烧。而在中国民权保障同盟，杨杏佛做了大量工作，成效显著，影响巨大。

1933年1月10日，北平军人反省院在押人致函民权保障同盟，控诉非法被捕且遭虐待。24日，杨杏佛带着放寒假的儿子杨小佛，以视察中央研究院历史语言、地质、心理等研究所事务的名义赴北平，实际上是去组建同盟北平分会和营救关押在北平的政治犯。到北平后住在东长安街中央饭店。31日，杨杏佛偕胡适、成舍我探访北平陆军监狱、军人反省院，见到在押的中共党员薄一波、刘澜涛等，并将他们狱中受虐待的材料带出发表，向社会揭露。一天深夜，命杨小佛将一叠空白入会志愿书送给陶孟和。杨杏佛还广泛接触唐钺、傅斯年、陶孟和、梅贻琦等北平文化教育界人士，去顺承王府访问张学良，洽谈释放政治犯的问题。直至2月2日离开北平回上海。

1933年3月8日，由工人、商人、学生等团体组成的国民御侮自救会在上海成立，中国民权保障同盟上海分会是参加团体之一，宋庆龄到会演说。杨杏佛指出"反帝抗日与争取民权及释放政治犯运动之不可分离"。

杨杏佛在同盟所做的这些工作，无一不是给困境中的中国共产党帮了大忙，却遭到视"剿共"为第一要务的蒋介石的仇恨，蒋介石终于动了杀机。

暗杀前，国民党特务分别给宋庆龄、蔡元培、杨杏佛寄去一封装有子弹的恐吓信，要求他们立即停止同盟活动。蔡元培年龄大了，家中还有幼子，宋庆龄和杨杏佛为了保护他，就请他写了一封辞职信。在回答记者时，杨杏佛说蔡元培已经与同盟没关系了，就是要借此告诉蒋介石，告诉特务，不要暗杀蔡元培。以宋庆龄之身份与地位，蒋介石不敢轻举妄动。这样，身为同盟总干事的杨杏佛就成了重点暗杀对象。

---

① 杨杏佛：《我未来的梦想》，《东方杂志》第30卷第1号，1933年。

　　1933 年 4、5 月间,杨杏佛曾得到南京友人的劝告,暗示其有被捕的可能,叫他不要去南京,以免发生意外。但他照旧每隔一两星期到南京中央研究院总办事处去工作。国民党政府表示要给杨杏佛一个名义出国考察,使他脱离国内的活动,但他没有同意。

　　杨杏佛牢记孙中山说过的话:"以吾人数十年必死之生命,立国家亿万年不死之根基,其价值之重可知。"①孙中山的革命生涯屡经挫折、备尝艰辛,但为了"造成独立自由之国家,以拥护国家及民众之利益"②,他从不因失败而灰心,也从不因困难而退缩,坚信"吾心信其可行,则移山填海之难,终有成功之日;吾心信其不可行,则反掌折枝之易,亦无收效之期也"③,坚信只要"精神贯注,猛力向前,应乎世界进步之潮流,合乎善长恶消之天理,则终有最后成功之一日"④。

　　因此,杨杏佛虽然从中国民权保障同盟筹备工作之日起,就一再遭到国民党当局的威胁恐吓,但他早已将生命置之度外,对此不予理睬,蒋介石决意除掉杨杏佛,并命令戴笠具体实施。

　　杨杏佛从北平回上海不久,特务们先侦察了他的每日行踪,了解到杨本人住在中央研究院楼上,爱好骑马,在大西路养了两匹骏马,早上有空便去大西路、中山路一带骑马驰骋一两小时。特务们认为在这个时候这个地段对杨进行狙击机会最多也最有把握。

　　特务们正进行狙击杨的准备时,蒋介石表示一定要在法租界宋庆龄寓所附近执行。戴笠只好改变计划,在中央研究院附近进行布置,准备趁杨外出散步或去宋寓所途中执行。

---

　　①　孙中山:《在桂林对滇赣粤军的演说》(一九二一年十二月十日),《孙中山全集》第六卷,第35页。

　　②　孙中山:《中国国民党北伐宣言》(一九二四年九月十八日),《孙中山全集》第十一卷,第75页。

　　③　孙中山:《建国方略》(一九一七至一九一九年),《孙中山全集》第六卷,第158页。

　　④　孙中山:《致邓泽如及南洋国民党人函》(一九一三年十二月二十五日),《孙中山全集》第三卷,第74页。

6月初,戴笠亲自前往上海指挥布置,在法租界枫林桥附近寓所成立暗杀指挥部。负责执行暗杀的是华东区行动组组长赵理君。参加这次行动的凶手6人,为防意外败露,事前宣誓,要做到"不成功即成仁",如不幸被捕,应即自杀,否则将遭到严厉惩罚。

自从邓演达被秘密杀害后,杨杏佛对于国民党特务的暗杀,是有思想准备的。6月中旬,杨杏佛特意拿着最近收到的许多恐吓信去看望宋庆龄,并转述了一些关于要杀自己的口头警告,主要目的是提醒宋

图6-18　20世纪30年代的上海,由亚尔培路往南看霞飞路

庆龄要格外小心①。而杨杏佛自己却将生命安然置之度外,依然保持一贯的热情,四处忙碌奔波。特务们原打算在17日早晨行动,当他们到达中研院附近时,恰好遇上法巡捕房的巡逻警车,又有一队巡捕经过,所以没敢动手。

6月18日是个星期天,早上6点多,赵理君亲自带着李阿大、过得诚、施芸之等特务前往埋伏,汽车停在亚尔培路、马斯南路转角处。赵自己坐在汽车上,李阿大、过得诚等四人分散等候在中研院附近。

7点左右,杨杏佛带着长子杨小佛出去骑马玩。杨杏佛可以用的有两辆车,一辆自己常用,另一辆敞篷汽车常用来接客人,自己很少用。那天很奇怪,杨杏佛要坐车出去,但他常用的那辆车被蔡元培的车挡住了路。蔡元培的车在那儿,但司机不在。杨杏佛对司机说:那就坐敞篷车吧。事后推断这肯定是军统特务做了手脚,敞篷车没有车窗,他们刺杀时就方便了。

当汽车刚驶出中央研究院大门,拟向北转入亚尔培路时,四支手枪同时朝

---

① 尚明轩主编:《宋庆龄年谱长编1893—1948》,北京:北京出版社,2002年,第373页。

着车内射击,弹如雨发。杨杏佛听到枪声,便知是冲他而来。生死关头,他立即用身体保护儿子。杨杏佛身中两枪,一枪在腰上,一枪在心脏,都是要害处。小佛仅腿部中了一弹而幸免于难。敞篷车的司机也中了枪,跑着找另一位司机去医院了。

附近楼上的一位白俄人,在枪声结束后,开着敞篷车把杨杏佛父子送往金神父路广慈医院。到了医院,杨杏佛被抬到外科室,躺在床上等医师急救。但医生们在做礼拜,等到9点多,天主堂的礼拜结束,才来了一位医师。他翻了翻杨杏佛的眼皮,稍作检查就走了,事后宣布杨杏佛伤在要害,已经无法抢救,不治而亡。

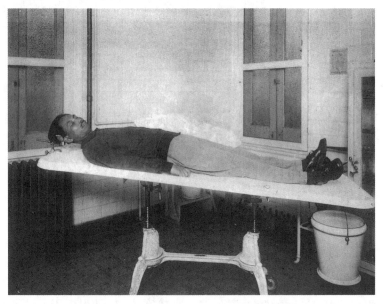

图6-19 置于广慈医院抢救室的杨杏佛遗体

蔡元培得知杨杏佛被害,不顾生命危险,赶赴刺杀现场,并到医院审视遗体。而且他还从法巡捕房取回写有中国民权保障同盟会会员地址的笔记本,以防止暗杀扩大,保护了同盟的其他成员。

在杨杏佛遇难第二日,宋庆龄即发表声明:

　　这批人和他们所雇用的凶手以为单靠暴力、绑架、酷刑和暗杀就可以把争取自由的最微弱的斗争扼杀。这就是他们统治人民的武器,也正说明了他们整个政权的面目。中国民权同盟就代表这样一个争取自由的运动,杨铨也就是因为他在这个组织中的活动而被残酷地杀害了。

　　但是,我们非但没有被压倒,杨铨为同情自由所付出的代价反而使我们更坚决地斗争下去,再接再厉,直到我们达到我们应达到的目标。杀害杨铨的侩子手们要明白,政治罪行必然会给他们带来应得的惩罚。①

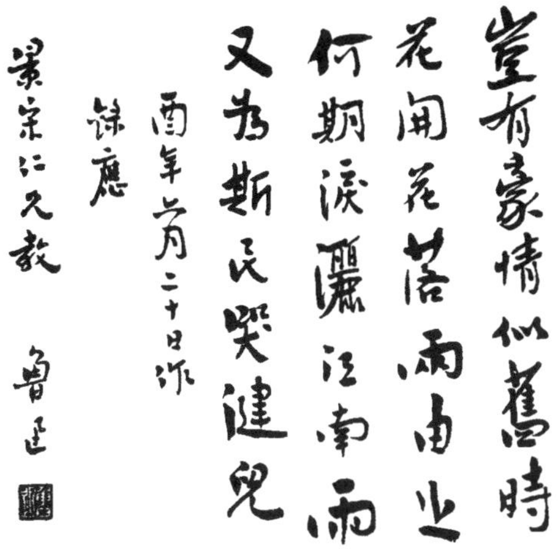

图 6-20　鲁迅《悼杨杏佛》诗手稿

　　6 月 19 日晨,国民政府监察院院长于右任到广慈医院吊唁,他老泪纵横,悲恸交加。悲恸交加。蔡元培在接受记者采访时说,杨是一文人,遭此非常变故,人民生命可谓毫无保障。9 点半,上海第二法院检查官到医院检查遗体。

---

　　①　宋庆龄:《为杨铨被害而发表的声明》(一九三三年六月十九日),宋庆龄基金会编:《宋庆龄选集》(上卷),北京:人民出版社,1992 年,第 125 页。

10 点 45 分，杨杏佛遗体送往万国殡仪馆。

6 月 20 日，杨杏佛遇难后第三天，上海胶州路万国殡仪馆举行了入殓仪式。当日，乌云滚滚、大雨滂沱，杀机四伏，气氛极其恐怖，但仍有百余人前来送殓，宋庆龄、蔡元培、孔祥熙、鲁迅、洪深、王云五、周象贤、唐瑛、沈钧儒、刘海粟，以及江海关监督唐海安、交通大学校长黎照寰、暨南大学校长郑洪年、清华大学理学院院长叶企孙、商品检验局局长蔡无忌，大同大学、中国公学两校也派出同学代表等人参加。立法院院长孙科，财政部部长宋子文代表朱家骅，上海市市长吴铁城、廖仲恺夫人何香凝女士、立法委委员马超俊、中国航空公司经理戴恩基、监察院秘书杨大骥等人均赠花圈以志哀悼。[①] 在大殓前一天，国民政府监察院院长于右任、交通部部长朱家骅、前教育部次长段锡朋等人对杨杏佛进行了吊唁。[②]

赵志道素服伴灵，"衣白色丝绸旗袍，足登白色皮鞋，短发垂肩，泪下如雨，两目红肿，始终默坐灵堂内，情形极惨"[③]。当她得知杨杏佛被害的噩耗后，失声痛哭，作联挽之，联曰：

> 当群狙而立，击仆竟以丧君，一瞑有余愁，乱沮何时，国亡无日；
> 顾二雏在前，鞠养犹须责我，千回思往事，生离饮恨，死别吞声。

挽联意含悲愤，既涉国事，又涉私情，对仗工整，情真意切，表达了她对杨杏佛的一片深情。[④] 时人评论："挽联既悲逝者，行复自念，语意凄婉，令人不忍卒读，而下联末二语感动尤深，非身历其境者，不能道也。"[⑤]

---

① 《杨杏佛昨午成殓》，《申报》1933 年 6 月 21 日，第 9 版。
② 《杨杏佛今日成殓》，《申报》1933 年 6 月 20 日，第 9 版。
③ 《杨杏佛昨午成殓》，《申报》1933 年 6 月 21 日，第 9 版。
④ 葛昆元：《杨杏佛赵志道婚姻曲终人散》，《世纪》2010 年第 1 期。
⑤ 罗斯：《挽杨杏佛联》，《越国春秋》1933 年第 25 期，第 2 页。

图 6 - 21　杨杏佛遗体在万国殡仪馆

鲁迅送殓前,出门不带钥匙,以示不存幸免之意,送殓归来,作《悼杨铨》:

> 岂有豪情似旧时,花开花落两由之。
> 何期泪洒江南雨,又为斯民哭健儿。①

身在杭州的郁达夫写下《闻杨杏佛被害感书》:

> 风雨江城夏似春,闭门天许作闲人。

---

① 　鲁迅:《悼杨铨》,《鲁迅文集全编》编委会:《鲁迅文集全编》(一),北京:国际文化出版社,1995 年,第 278 页。1975 年 7 月 23 日,毛泽东做白内障手术,因主刀医生唐由之名"由之",次日,毛泽东提笔写下此诗,并签名赠送给唐由之医生。详见:孟兰英:《眼科专家唐由之回忆:毛主席听〈满江红〉做手术》,《党史博采》2007 年第 12 期。

恩牛怨李成何事，生死无由问伯仁。①

远在北平的许德珩听到杨杏佛遇难的噩耗后，写古诗《哭杨杏佛先生》哀悼：

天暗暗兮沪水寒！

杨公被狙兮我心悲伤！

血洒江南兮众情激荡！

此仇必报兮时间不长。

百倍以偿兮何时？

宋蔡心情兮可想！

泪落京华兮此日。

雪耻到来兮地覆天翻！"②

甚至还有被杨杏佛精神感动的群众作诗哀悼：

万里外噩耗遥传，有一人拊掌快绝！

九京下穗幔透视，忆百首呕心时无?③

此诗先写暗杀者的快意，后写赵志道素服伴灵的悲伤，鲜明的爱恨态度，

---

① 郁达夫著：《郁达夫诗词集》，长春：吉林出版集团股份有限公司，2017年，第80页。恩牛怨李：原指唐末以牛僧孺、李德裕为首的两大政治集团的党争。清朝钱谦益《吴门送福清公还闽八首》"恩牛怨李谁家事，白马清流异代悲"，后以"恩牛怨李"喻结党倾轧。伯仁：东晋大臣周颉，字伯仁。东晋元帝时，大将军王敦叛乱，累及族人王导，周颉救助王导，但王导不知。王敦得势后，杀伯仁时，王导不言。后王导看到周颉救己奏章，懊悔不已，曰："吾不杀伯仁，伯仁却因我而死，幽冥之中，负此良友。"此处指国民党政府党同伐异的政治迫害。

② 许德珩：《回忆抗战》，《近代史研究》1985年第2期。

③ 罗斯：《挽杨杏佛联》，《越国春秋》1933年第25期，第2页。

立显杨杏佛伟岸的英雄形象。

6月15日,杨杏佛遇难前三天,胡适来到上海,准备先赴美国讲学,再赴加拿大参加太平洋国际学会。次日,拜会了蔡元培,还与王云五、杨杏佛等一起吃饭,饭后,杨杏佛送胡适回寓所,乘坐的就是遇难时的那辆敞篷车。6月18日,杨杏佛遇难当日胡适去朋友新六家打牌,入门即得此噩耗,感叹"人世变换险恶如此!"胡适早就料到杨杏佛"必至于遭祸",但没有料到"死的如此之早而惨",他认为"此事殊可怪。杏佛一生结怨甚多,然何至于此! 凶手至自杀,其非私仇可想。岂民权同盟的工作招摇太甚,未能救人而先招杀身之祸耶? 似未必如此?"既然此仇非私非公,他觉得杨杏佛遇害是其性格所致,"杏佛吃亏在他的麻子上,养成了一种'麻子'心理,多疑而好炫,睚眦必报,以摧残别人为快乐,以出风头为作事,必至于无一个朋友终不自觉悟"①。胡适与杨杏佛虽"对事或政见不同时争论激烈,甚至大打笔墨官司",但"事后友情如故,所谓 business is business,friendship is friendship 是也","一直是无话不谈的好朋友"。② 胡适"容忍异己"的态度,杨杏佛"迂回处世"的灵活,③避免了二人关系的疏远,使他们亦师亦友的关系维持了 25 年之久。但最终胡适还是没有送杨杏佛最后一程,在朋友家打了八圈牌,当天下午 5 点半到轮船码头,按原定计划赴美国了。④《杨杏佛昨晨被暗杀》与《胡适今晨放洋赴美》的新闻登载在了 6 月 19 日《申报》的同一版面上。之后,胡适与杨杏佛家人再无往来。⑤

杨杏佛虽不是共产主义者,而是孙中山的忠实信徒、三民主义的坚定执行者,但他却同中国共产党人站在一起,为国家民族的利益共同奋斗,以致受国民党反动派忌恨,终因此而牺牲了生命。国民党反动派"企图以这种白色恐怖的手段,来镇压一切革命运动的发展",但中国的一切工农劳苦群众,却"加紧

---

① 曹伯言:《胡适日记全编》(第六卷),合肥:安徽教育出版社,2001 年,第 226 页。

② 杨小佛:《也谈胡适与杨杏佛》,《世纪》2002 年第 1 期。

③ 杨宇清:《胡适与杨杏佛》,《江西社会科学》1992 年第 5 期。

④ 曹伯言:《胡适日记全编》(第六卷),第 226 页。

⑤ 杨小佛:《父亲杨杏佛的朋友们》,《世纪》2015 年第 3 期。

图 6 - 22　亲属在杨杏佛遗体成殓仪式上

团结起来,开展革命的民族战争,以血腥的斗争来冲破国民党法西斯蒂的白色恐怖".① 杨杏佛的精神鼓舞着民众为孙中山开创的革命事业继续奋斗。正如蔡元培在杨杏佛入殓仪式上所说:"先生以勇于任事、努力服务之人,而死于非命,同人等之哀悼为何如! 人孰不死,所幸者先生之事业,先生之精神,永留人间。元培老矣,焉知不追随先生以俱去! 同人等当以先生之事业为事业,先生之精神为精神,使后备青年学子有所遵循,所以慰先生者,如此而已。"② 此后,蔡元培"与蒋介石的关系起了很大变化"。③

　　蒋介石没有公开为杨杏佛之死表态。事发之日,蔡元培迅速致电国民政府主席林森、行政院院长汪精卫,"请急予饬属缉凶,以维法纪"。当日,汪精卫

　　① 潘汉年:《社论:反对国民党法西斯蒂的白色恐怖》,《红色中华》(第九十四期),1933 年7 月 14 日,第 1 版。

　　② 蔡元培:《祭杨铨时致词》,高平叔编:《蔡元培全集》(第六卷),北京:中华书局,第 293页。

　　③ 钱昌照:《我所结识的杨杏佛》,《纵横》2003 年第 11 期。

恰好在上海医治背痛,在下午5时接见各报社记者时,询问了杨杏佛的遇刺经过并深表惊讶之意。记者会后,上海市长吴铁城赶至汪宅晋谒,报告了杨杏佛遇刺情形,并电呈中央。① 两天后,汪精卫复电蔡元培,"惊悉杏佛先生被戕,恸痛交集,已严饬上海市政府严缉凶徒,归案讯办"②。上海市政府回应:对杨氏被刺案异常注意,惟出事地点系在租界,市府事前无法保护,已训令公安局协同租界当局,严缉凶犯归案法办。但此刺杀案最终还是不了了之。

7月1日,中央研究院、中国科学社在万国殡仪馆举行公祭仪式。③ 7月2日,中国科学社为杨杏佛行社葬典礼,棺柩覆盖着中国科学社社旗,由扎满鲜花的灵车运送,从万国殡仪馆出发,出胶州路,经徐家汇入虹桥路,抵上海永安公墓安葬。

六　英名永存

杨杏佛是近代中国科学与民主精神的极力追求者和力行实践者,曾两度担任孙中山秘书,虽然时间并不长,但备受孙中山及国民党左派的赏识,被誉为"青年才俊"。欲行独裁的蒋介石视其为眼中钉,恨之入骨,必欲除之而后快。身为中国民权保障同盟的总干事,杨杏佛为争取民主权利奔走呼吁,终令蒋杀机顿起,决定用暗箭铲除异己,使民权保障同盟便陷于瘫痪,难以发挥作用。

暗杀杨杏佛,既是对宋庆龄的警告,即"杀杨儆宋",更"扼杀了民权保障同盟,一举扫除了专制道路上的障碍"④。在蒋介石眼里,杨杏佛是一大祸害,他曾不顾禁令如实报道苏区,现在又担任民权保障同盟总干事,积极营救政治犯,到处鼓吹民权保障同盟的神圣任务,"针对蒋介石种种蔑视人权、无法无天

---

① 《杨杏佛昨晨被暗杀》,《申报》1933年6月19日,第9版。
② 《杨杏佛昨午成殓》,《申报》1933年6月21日,第9版。
③ 《今日公祭杨杏佛,灵柩明日安葬》,《申报》1933年7月1日,第18版。
④ 廖大伟:《"杀杨儆宋":杨杏佛被刺问题中的一个误解》,《安徽史学》2004年第5期。

的做法进行坚决斗争,并极力主张停止内战、一致团结抗日"①,还与共产国际、中国共产党,以及正在密谋福建事变的第十九军将领陈铭枢之间,保持了极为密切的政治合作。中国共产党许多同志"在三十年代前期的工作,多半是靠杨杏佛先生的支持才有些成绩的"②。正是在杨杏佛的奔波组织下,民权保障同盟"为革命事业作出了独特的重大贡献"③,这与蒋介石的政策完全相反。同盟中最能干、作用最大的杨杏佛,自然便成了被暗杀的首选。唯有除掉杨杏佛,才能达到扼杀民权保障同盟的目的。杨杏佛遇难后,宋庆龄多次表示"民权保障同盟之会务,当然继续进行","虽然受到某些方面的威胁,但在任何情况下也不会停止在中国民权保障同盟工作的","杨杏佛之死决不会影响运动的进展,相反地此事将激励同盟加倍努力工作"。④ 但蔡元培早已辞去同盟副主席一职,"故对该会之前途如何,均不得而知"⑤。因此,杨杏佛被暗杀后,民权保障同盟事实上失去了一位组织家、实干家,"同盟即停止了活动"⑥。

杨杏佛是一个敢说敢为、爱憎分明的人,社会舆论评价他"平生为人豪爽、待人诚挚,能诗词古文且善谈辩,前后任职均竭力奉公,于国事亦极热心"⑦。以杨杏佛的学识、经历、能力及与上层社会的密切关系,完全可以像许多人那样安逸的生活⑧,但他却抛却一切,忘我奋斗,直至牺牲生命,"也不过是为了

---

① 沈醉:《杨杏佛、史量才被暗杀的经过》,中国人民政治协商会议全国委员会文史资料研究委员会编:《文史资料选辑》(第三十七辑),北京:文史资料出版社,1980年,第166页。

② 陈瀚笙:《追忆吾友杨杏佛》,《社会科学》1983年第9期。

③ 邓小平:《在宋庆龄同志追悼大会上的讲话》,《人民日报》1981年6月4日,第1版。

④ 尚明轩主编:《宋庆龄年谱长编1893—1948》,北京:北京出版社,2002年,第375—376页。

⑤ 《杨杏佛昨午成殓》,《申报》1933年6月21日,第9版。

⑥ 宋庆龄:《追忆鲁迅先生》(一九七七年八月二日),宋庆龄基金会编:《宋庆龄选集》(下卷),北京:人民出版社,1992年,第537页。

⑦ 《杨杏佛昨晨被暗杀》,《申报》1933年6月19日,第9版。

⑧ 鸿敏:《杨杏佛遇刺真相》,《文史博览》2008年第5期。

民族而已"①,真可谓"一切民族革命者的模范"②。

杨杏佛被害后,赵志道失去了生活来源,但这个要强的女人并没有依靠娘家,依靠别人,很快就找到了赚钱的门道。她在好朋友的帮助下,开始买卖公债,抱定"不赚不抛"的原则,每月盈利有近千元法币。一段时间下来,她竟然在江湾附近的市光路买下了一幢小洋房,同时,还买了一辆福特小轿车,日子过得比过去更宽裕。

可惜好景不长,1937年八一三淞沪抗战爆发,赵志道带着小儿子在青岛避暑,仅留杨小佛一人在家。不久,她家小洋房即被夷为平地,好在小佛及时逃到租界内的外公家,才安全脱身。

不久,中国军队西撤,租界沦为"孤岛"。当赵志道携幼子回沪后,只能在租界里租房居住。可是房租疯涨,公债不能再炒,赵志道断了赚钱渠道,只能租较便宜的房子住。几次租房,几次搬迁,最后,租下了法租界广元路18号房子。后又因生活拮据,将底楼两间房出租,以补家用。1941年,太平洋战争爆发后,日军进占租界,市民排队领米票购买户口米,每日只够煮粥吃。赵志道真正尝到了日子的艰难。但是她不求人,独自将两个孩子抚养成人,让杨杏佛在天之灵得到安息。

最令人感动的是,赵志道虽然与杨杏佛离了婚,但她却一直保存着杨杏佛许多珍贵文札。其中有杨杏佛写给她的信,也有宋庆龄、任鸿隽、王芸生、竺可桢、胡适、赵元任、徐志摩、吴稚晖、谭延闿等社会名流写给杨杏佛的信,此外还有杨杏佛的部分诗词、日记和文章手稿。她将这些珍贵文札,最先存放在霞飞坊5号,后来藏于市光路小洋房里。

经历几次搬家,这批珍贵的文札一直被赵志道珍藏着。其中最危险的是"文革"初期的抄家,机智的赵志道对"造反派"说:"我与儿子媳妇是两个户口,

---

①　此为鲁迅评价杨杏佛之语,详见冯雪峰:《民族的感情和阶级的感情》,中国社会科学院近代史研究所中华民国史研究室主编:《中国民权保障同盟》,北京:中国社会科学出版社,1979年,第151页。

②　《上海起义的中心人物·杨杏佛》,巴黎《救国时报》1937年3月21日。

你们只能抄我儿子和儿媳的房间,我和他们不搭界。你们单位不可以抄我的房间的,我的房间,应当由我的单位来抄。"其实,赵志道并没有什么具体单位,只是徐汇区政协联系的统战对象。没有想到,她的这番话还真起了作用,那批"造反派"就没有去抄她的房间,才使杨杏佛的这些珍贵文札保存下来。①

1976年7月9日,赵志道病逝。杨小佛兄弟俩遵照母命,丧事简办。

赵志道对杨杏佛充满着爱,这种爱经过时间的考验,经过岁月的磨砺,显现出令人敬佩的光彩。当年,她毅然冲破门第观念,下嫁给杨杏佛,而后因为猜疑,导致婚姻破裂,但两人却成为无话不谈的好朋友。杨杏佛被暗杀后,赵志道没有再婚,精心哺育着两个儿子,并将这份爱深深地埋在心里,在长达四十多年的时间里冒着生命危险,保存着杨杏佛的珍贵文札,这些文札浸透着他们那份深沉、真挚而又动人的爱情。

图6-23　杨杏佛墓地

杨杏佛是孙中山的忠实信徒,是三民主义的坚定执行者,始终追随着孙中山,"是一位同情共产党人而忠诚爱国的杰出的科学界领导"②,为实现中华民族伟大复兴献出了自己宝贵的生命。1946年,《人民日报》发表社论,称杨杏

---

①　葛昆元:《杨杏佛赵志道婚姻曲终人散》,《世纪》2010年第1期。

②　陈瀚笙:《追忆吾友杨杏佛》,《社会科学》1983年第9期。

佛等殉难志士是"为独立和平民主奋斗的人士"①。1980 年 7 月,邓小平赴四川峨眉山,途径西南交通大学,在谈到学校校史时说"这所学校出了不少人才"②,其中就提到杨杏佛,并介绍了他的事迹。1981 年 7 月 1 日,胡耀邦同志在庆祝中国共产党成立六十周年的讲话中,特别讲道"一贯支持我们党的党外亲密战友"③,杨杏佛就名列其中。1983 年 9 月,上海市各界人士举行座谈会,隆重纪念"伟大的爱国主义者""杰出的民主革命家""进步知识分子的典范"杨杏佛殉难五十周年,号召努力学习杨杏佛伟大的爱国主义精神和为人民革命事业而献身的崇高品质。④ 1987 年 9 月 22 日,杨杏佛新墓在上海万国公墓落成⑤,景色优美,庄严肃穆,墓碑上方雕塑了他的头像,供世人瞻仰缅怀。

---

① 《社论:人民的运动是阻不住的——论李公朴先生殉难》,《人民日报》1946 年 7 月 16 日,第 1 版。

② 田家乐:《"这所学校出了不少人才"——记邓小平峨眉山之行》,西南交通大学校史编辑室:《西南(唐山)交通大学校史资料选辑》(第 19 辑),2000 年,第 37 页。

③ 胡耀邦:《在庆祝中国共产党成立六十周年大会上的讲话》(一九八一年七月一日),《人民日报》1981 年 7 月 2 日,第 2 版。

④ 《纪念杨杏佛先生殉难五十周年》,《解放日报》1983 年 9 月 11 日,第 1 版。

⑤ 严卫民:《杨杏佛新墓在上海落成》,《人民日报》1987 年 9 月 23 日,第 4 版。

参考文献

一、报刊资料

1. 《大公报》，1925 年。

2. 《广州民国日报》，1925 年。

3. 《民国日报》，1925 年、1926 年、1929 年.

4. 《申报》，1925 年、1926 年、1933 年。

5. 《大学院公报》，1928 年。

6. 《行政院公报》，1929 年。

7. 《红色中华》，1933 年。

8. 巴黎《救国时报》，1937 年。

9. 《人民日报》，1946 年、1981 年、1987 年。

10. 《解放日报》，1983 年。

11. 《团结报》，2016 年。

12. 《中华读书报》，2016 年。

二、文献资料

1. 吴景濂：《组织临时政府各省代表会纪事》，1913 年铅印本。

2. 孙中山先生葬事筹备处编：《孙中山先生陵墓图案》，上海：上海民智书局，1925 年。

3. 孙中山先生葬事筹备处编：《哀思录》三册，上海，1926 年。

4. 杨铨：《杨杏佛讲演集》，上海：商务印书馆，1927 年。

5. 杨铨:《杨杏佛文存》(民国丛书第三编84),上海:上海书店影印平凡书局1929年版。

6. 胡汉民编:《总理全集》(第二卷),上海:上海民智书局,1930年。

7. 总理奉安专刊编纂委员会编:《总理奉安实录》,南京,1930年。

8. 柳亚子主编:《南社诗集》,上海:中学生书局,1936年。

9. 柳亚子主编:《南社词集》,上海:中学生书局,1936年。

10. 许师慎:《国父选任临时大总统实录》,上海:中国文化服务社,1948年。

11. 中国人民政治协商会议全国委员会文史资料研究委员会编:《辛亥革命回忆录》(第一卷),北京:文史资料出版社,1961年。

12. 陶英惠:《蔡元培年谱》(上),台北:"中央研究院"近代史研究所,1976年。

13. 汤志钧编:《章太炎政论选集》(下册),北京:中华书局,1977年。

14. 中国社会科学院近代史研究所中华民国史研究室主编:《中国民权保障同盟》,北京:中国社会科学出版社,1979年。

15. 中国人民政治协商会议全国委员会文史资料研究委员会编:《文史资料选辑》(第三十七辑),北京:文史资料出版社,1980年。

16. 广东省社会科学院历史研究室、中国社会科学院近代史研究所中华民国史研究室、中山大学历史系孙中山研究室合编:《孙中山全集》(第一至十一卷),北京:中华书局,1981—1986年。

17. 吴相湘编撰:《孙逸仙先生传》(下册),台北:远东图书公司,1982年。

18. 柳亚子:《南社纪略》,上海:上海人民出版社,1983年。

19. 中共上海市委统战部统战工作史料征集组编:《统战工作史料选辑》第三辑(上海文史资料专辑之三),上海:上海人民出版社,1984年。

20. 郭廷以编著:《中华民国史事日志》,台北:"中央研究院"近代史研究所",1984年。

21. 李毓澍、陈存恭:《戢翼翘先生访问纪录》,台北:"中央研究院"近代史研究所,1985 年。

22. 丘挺、郭晓春:《邓演达生平及思想》,兰州:甘肃人民出版社,1985 年。

23. 南京市档案局、中山陵园管理处编:《中山陵档案史料选编》,南京:江苏古籍出版社,1986 年。

24. 江苏省政协文史资料研究委员会编:《在中山先生身边的日子》,南京:江苏古籍出版社,1986 年。

25. 尚明轩、王学庄、陈崧编:《孙中山生平事业追忆录》,北京:人民出版社,1986 年。

26. 高平叔编:《蔡元培全集》(第六卷),北京:中华书局,1988 年。

27. 徐友春、吴志明主编:《孙中山奉安大典》(江苏文史资料第 26 辑),北京:华文出版社,1989 年。

28. 中国人民政治协商会议上海市委员会文史资料委员会、中共上海市委统战部统战工作史料征集组编:《上海文史资料选辑——统战工作史料选辑》(八),上海:上海人民出版社,1989 年。

29. 江西省政协、樟树市政协文史资料研究委员会编:《杨杏佛》(江西文史资料第三十八辑),北京:中国文史出版社,1991 年。

30. 孙常炜编:《蔡元培先生全集》,台北:台湾商务印书馆,1991 年。

31. 宋庆龄基金会编:《宋庆龄选集》(上下卷),北京:人民出版社,1992 年。

32. 朱汉国主编:《南京国民政府纪实》,合肥:安徽人民出版社,1993 年。

33. 《鲁迅文集全编》编委会:《鲁迅文集全编》(一),北京:国际文化出版社,1995 年。

34. 马志亮主编:《喋血共和——忆宋教仁》,长沙:岳麓书社,1997 年。

35. 陈铭枢:《陈铭枢回忆录》,北京:中国文史出版社,1997 年。

36. 胡朴安选录:《南社丛选》(下),北京:解放军文艺出版社,2000 年。

37. 西南交通大学校史编辑室:《西南(唐山)交通大学校史资料选辑》(第19 辑),2000 年。

38. 曹伯言:《胡适日记全编》(第六卷),合肥:安徽教育出版社,2001 年。

39. 中国社会科学院近代史研究所近代史资料编辑部编:《近代史资料》(总第 102 号),北京:中国社会科学出版社,2002 年。

40. 张宪文、方庆秋、黄美真主编:《中华民国史大辞典》,南京:江苏古籍出版社,2002 年。

41. 尚明轩主编:《宋庆龄年谱长编 1893—1948》,北京:北京出版社,2002 年。

42. 任鸿隽著,樊洪业、张久春选编:《科学救国之梦——任鸿隽文存》,上海:上海科学技术出版社、上海科技教育出版社,2002 年。

43. 蔡元培:《蔡元培自述》,郑州:河南人民出版社,2004 年。

44. 钱基博:《现代文学史》,上海:上海书店出版社,2004 年。

45. 王云五著:《岫庐八十自述》(节录本),上海:上海人民出版社,2007 年。

46. 中华人民共和国名誉主席宋庆龄陵园管理处编:《啼痕——杨杏佛遗迹录》,上海:上海辞书出版社,2008 年。

47. 李恭忠:《中山陵:一个现代政治符号的诞生》,北京:社会科学文献出版社,2009 年。

48. 肖素均著:《民国十大奇女子的美丽和哀愁》,北京:中共党史出版社,2009 年。

49. 中国第二历史档案馆编:《中华民国史档案资料汇编》(第一、二辑),南京:凤凰出版社,2010 年。

50. 梁华平、严威编:《辛亥革命史事长编》(第 9 册),武汉:武汉出版社,2011 年。

51. 朱斐主编:《东南大学史(1902—1949)》(第 1 卷),南京:东南大学出版社,2012 年。

52. 盛成:《盛成回忆录》,太原:山西人民出版社,2012 年。

53. 柳诒徵:《柳诒徵自述》,合肥:安徽文艺出版社,2013 年。

54. 唐德刚:《袁氏当国》,桂林:广西师范大学出版社,2015 年。

55. 杨小佛口述,朱玖琳撰稿:《杨小佛口述历史》,上海:上海世纪出版股份有限公司,2015 年。

56. 冯自由:《革命逸史》,北京:新星出版社,2016 年。

57. 《中山陵档案》编委会:《中山陵档案》,南京:南京出版社,2016 年。

58. 习近平:《在纪念孙中山先生诞辰 150 周年大会上的讲话》,北京:人民出版社,2016 年 11 月。

59. 胡适:《胡适留学日记》(第 12 卷),北京:北京阅览文化传播有限公司,2017 年。

60. 高萍萍:《时代经典永存留:中山陵墓的建设者》,南京:南京出版社,2017 年。

61. 郁达夫著:《郁达夫诗词集》,长春:吉林出版集团股份有限公司,2017 年。

三、期刊文章

1. 杨杏佛:《人事之效率》,《科学》第 1 卷第 11 期,1915 年。

2. 杨杏佛:《科学管理法在中国之应用》,《科学》第 4 卷第 1 期,1918 年。

3. 《中国科学社第十二次年会记事》,《科学》第 12 卷第 11 期,1927 年。

4. 胡适:《回忆明复》,《科学》第 13 卷第 6 期,1928 年。

5. 杨杏佛:《我未来的梦想》,《东方杂志》第 30 卷第 1 号,1933 年。

6. 罗斯:《挽杨杏佛联》,《越国春秋》1933 年第 25 期。

7. 杨小佛:《杨杏佛与中国民权保障同盟》,《历史研究》1978 年第 12 期。

8. 杨小佛:《杨杏佛事略》,《人物》1982 年第 1 期。

9. 任鸿隽:《中国科学社社史简述》,《中国科技史料》1983 年第 1 期。

10. 池文:《杨杏佛和民族日报》,《新闻研究资料》1983 年第 1 期。

11. 陈瀚笙:《追忆吾友杨杏佛》,《社会科学》1983 年第 9 期。

12. 陈漱渝:《杨杏佛其人及其殉难经过》,《辽宁师范大学学报(社会科学版)》,1984 年第 4 期。

13. 吴凯声：《杨杏佛殉难前二三事》，《纪念与研究》（第六辑），1984 年。

14. 许德珩：《回忆抗战》，《近代史研究》1985 年第 2 期。

15. 陈崧：《杨杏佛简论》，《历史研究》1985 年第 2 期。

16. 杨小佛：《杨杏佛与中国科学事业》，《科学》1986 年第 4 期。

17. 许为民：《杨杏佛和〈科学〉》，《科学》1990 年第 4 期。

18. 许为民：《杨杏佛：中国现代杰出的科学事业组织者和社会活动家》，《自然辩证法通讯》1990 年第 5 期。

19. 许为民：《杨杏佛年谱》，《中国科技史料》第 12 卷第 2 期，1991 年。

20. 彤旗：《营救牛兰夫妇——30 年代的一场保护人权运动》，《历史教学（下半月刊）》1992 年第 3 期。

21. 杨宇清：《胡适与杨杏佛》，《江西社会科学》，1992 年第 5 期。

22. 马龄国：《杨杏佛被害前后》，《民主》1992 年第 6 期。

23. 李荣华：《杨杏佛崇廉筹建中山陵》，《人民论坛》1994 年 8 月。

24. 杨小佛：《宋庆龄与杨杏佛的友谊》，《世纪》1997 年第 4 期。

25. 谢长法：《杨杏佛的实业改造活动与实业教育思想》，《教育与职业》1999 年第 7 期。

26. 袁希洛：《临时大总统就职典礼见闻》，《纵横》（北京）2001 年第 10 期。

27. 杨小佛：《也谈胡适与杨杏佛》，《世纪》2002 年第 1 期。

28. 钱昌照：《我所结识的杨杏佛》，《纵横》2003 年第 11 期。

29. 廖大伟：《"杀杨儆宋"：杨杏佛被刺问题中的一个误解》，《安徽史学》，2004 年第 5 期。

30. 廖大伟、戴鞍钢：《杨杏佛逝世 70 周年座谈会综述》，《近代中国》（第十四辑），2004 年。

31. 刘斌：《杨杏佛政治言论（1927～1933）浅析》，《华中师范大学研究生学报》2005 年第 4 期。

32. 李恭忠：《孙中山先生葬事筹备处述略》，《历史档案》2006 年第 1 期。

33. 刘斌：《试评杨杏佛救国探索》，华中师范大学硕士学位论文，2006 年

5月。

34. 沈以淡:《杨杏佛与孙中山葬事筹备处》,《江苏地方志》2006年第5期。

35. 孟兰英:《眼科专家唐由之回忆:毛主席听〈满江红〉做手术》,《党史博采》2007年第12期。

36. 朱玖琳:《杨杏佛的南社缘》,《世纪》2008年第5期。

37. 鸿敏:《杨杏佛遇刺真相》,《文史博览》2008年第5期。

38. 葛昆元:《杨杏佛赵志道婚姻曲终人散》,《世纪》2010年第1期。

39. 杨小佛:《关于南唐北陆的见闻》,《世纪》2010年第2期。

40. 方勇:《杨杏佛救国思想综论》,《河南科技大学学报(社会科学版)》2010年第3期。

41. 高明:《杨杏佛研究述评》,《湖北社会科学》2010年第3期。

42. 杜智萍:《杨杏佛科学教育思想初探》,《河南科技大学学报(社会科学版)》2010年第3期。

43. 高明、陈美玲:《杨杏佛与中国共产党关系研究》,《山西高等学校社会科学学报》2010年第4期。

44. 罗彩云、陈梦然:《杨杏佛思想活动演变论析》,《长春大学学报》2010年5月。

45. 朱华:《杨杏佛科学救国思想论》,《中国国家博物馆馆刊》2011年第4期。

46. 张森奉:《爱国民主人士杨杏佛的情感生活》,《四川统一战线》2012年第7期。

47. 刘云侠:《民权运动先驱杨杏佛人权思想研究》,山东大学硕士学位论文,2013年3月。

48. 姜新:《辛亥革命与稽勋留学》,《民国研究》(2014年春季号,总第25辑),北京:社会科学文献出版社,2014年。

49. 吴基民:《一场惊动世界的大营救》,《世纪》2014年第2期。

50. 杨小佛口述,朱玖琳撰稿:《父亲杨杏佛的朋友们》,《世纪》2015 年第 3 期。

51. 张建安:《杨小佛先生访谈录（上）》,《江淮文史》2016 年第 4 期。

52. 张建安:《杨小佛先生访谈录（下）》,《江淮文史》2016 年第 5 期。

53. 朱玖琳:《陈翰笙对故友杨杏佛的情谊》,《世纪》2017 年第 5 期。

54. 凌霄:《浅析宋庆龄 20 世纪 20—30 年代政治思想的演变——基于 1925—1932 年宋庆龄致杨杏佛书信的考察》,《苏区研究》2017 年第 5 期。

55. 牛力:《道不同不相为谋:论东南大学时期郭秉文和杨杏佛的关系》,《民国档案》2019 年第 2 期。

后 记

南京中国近代史遗址博物馆是孙中山先生宣誓就任中华民国临时大总统、组建南京临时政府之地，自 1912 年 1 月 1 日宣誓就职，至 4 月 3 日离开，孙中山在此度过了极其不平凡的 94 天。在这里，孙中山先生终结了中国两千多年的帝制，建立了中国历史上第一个民主共和国。

一百多年过去了，孙中山先生的办公室依然矗立在西花园太平湖畔，仿佛在无声地诉说着百余年的风雨沧桑，每年吸引着海内外数百万观众慕名而来，孙中山先生穿越时空的人格魅力，令人震撼。1912 年 1 月，年仅 19 岁的杨杏佛担任民国南京临时政府秘书处收发组组长，是孙中山的机要秘书，共事相处的时间虽短，却深刻影响了他的一生。他为实现孙中山民主共和、振兴中华的革命愿望而奋斗，直至生命终结。

每念及此，莫不经受一次心灵的洗礼。中山陵园管理局孙中山纪念馆邀约编写"孙中山与他的秘书们"系列丛书，遂欣然应约。我们多方翻阅资料，实地考察，几易其稿，写就此书。然水平及史料有限，不足之处，还望专家读者批评指正。

作者于中山堂

2021 年 6 月 1 日